1682

SAMMLUNG
METZLER

D0661284

REALIEN ZUR LITERATUR
ABT. D:
LITERATURGESCHICHTE

LORE B. FOLTIN

Franz Werfel

—

MCMLXXII

J. B. METZLERSCHE VERLAGSBUCHHANDLUNG

STUTTGART

ISBN 3 476 10115 0

M 115

© J. B. Metzlersche Verlagsbuchhandlung und Carl Ernst Poeschel Verlag GmbH
in Stuttgart 1972. Satz und Druck Georg Appl, Wemding
Printed in Germany

VORBEMERKUNG

Folgende Personen und Archive haben meine Arbeit unterstützt: Herr Brooks Whiting, Franz Werfel Archiv, University of California in Los Angeles; Frau Neda Westlake, University of Pennsylvania in Philadelphia; Frau Hedwig Dejohn, Yale University in New Haven; Herr Fred Grubel, Leo Baeck Institut in New York. Für bereitwillige Auskünfte danke ich Herrn Prof. Dr. Gustave O. Arlt, Frau Marta Feuchtwanger, Herrn Willy Haas, Herrn Prof. Dr. Adolf D. Klarmann, Herrn Prof. Meyer Krakowski, Herrn Dr. Ernst Křenek, Herrn Prof. Dr. William W. Melnitz, Herrn Robert Neumann, Herrn Prof. Dr. Wolfgang Paulsen, Herrn Benjamin Bigelow Snow, Herrn Prof. Friedrich Torberg, Herrn Prof. Johannes Urzidil (†) und Frau Gertrude Urzidil. Für wertvolle Anregungen danke ich Herrn Prof. Dr. Werner Betz (München), Herrn Prof. Dr. Robert M. Browning (Hamilton College), Herrn Prof. Dr. Klaus Conermann (Pittsburgh), Herrn Prof. Dr. Wilhelm Emrich (Freie Univ. Berlin) und Herrn Prof. Dr. Richard Samuel (Sydney). Es ist mir ein Bedürfnis, mich an dieser Stelle bei Herrn Prof. Dr. J. Alan Pfeffer zu bedanken, der mich immer wieder ermutigte und mir mit Ratschlägen zur Seite stand. Für finanzielle Unterstützung zwecks Anschaffung von Mikrofilmen, Ablichtungen und anderen Materialien danke ich Herrn Prof. Dr. Carl Beck, Direktor, International Studies; der Literary Society; der Allegheny Foundation. Frau Anna Mahler gebührt mein herzlicher Dank für die Erlaubnis, aus Werfels Schriften zu zitieren.

Mein ganz besonderer Dank gilt meinem Freund und langjährigen Mitarbeiter, Herrn Prof. Dr. John M. Spalek (SUNY in Albany), der mir in selbstloser Weise seine hervorragenden bibliographischen Kenntnisse zur Verfügung stellte. Der Nachlaßbericht entstand in gemeinsamer Arbeit. – Meinem Mann, Edgar M. Foltin, widme ich dieses Buch.

Fox Chapel, Pennsylvania, Januar 1972.

L. B. F.

INHALT

Arnold	= Martin Arnold: Franz Werfel. Des Dichters Weg zwischen Lyrik u. Drama, Diss. 1961.
BF	= Gottfried Bermann-Fischer: Bedroht–Bewahrt. Der Weg eines Verlegers, 1967.
Blauhut	= Robert Blauhut: Österreichische Novellistik des 20. Jhs., 1966.
Braselmann	= Werner Braselmann: Franz Werfel, 1960.
Brod I	= Max Brod: Streitbares Leben, 1969.
Brod II	= Ders.: Der Prager Kreis, 1966.
Brunner	= Franz Brunner: Franz Werfel als Erzähler, Diss. 1955.
Chandler	= Frank W. Chandler: Modern Continental Playwrights, New York, 1931.
Coussens	= Prudent Camiel Coussens: The Figure of the Catholic Priest in the Works of Franz Werfel, Diss. 1958.
Demetz	= Peter Demetz: René Rilkes Prager Jahre, 1953.
Duwe	= Wilhelm Duwe: Dt. Dichtung des 20. Jhs. 2 Bde. 1962.
Ellert	= Frederick Charles Ellert: The Problem of the Jew in Werfel's Prose Works, Diss. 1956.
Eloesser	= Arthur Eloesser: Die dt. Literatur. Bd. 2: Von der Romantik bis zur Gegenwart, 1931.
Fechter	= Paul Fechter: Das Europäische Drama. Bd. 3, 1958.
Foltin I	= Lore B. Foltin: Franz Werfel 1890–1945. Pittsburgh, 1961.
Foltin II	= Lore B. Foltin u. John M. Spalek: Franz Werfel's Essays: A Survey. In: GQ XLII, Nr. 2 (März 1969), S. 172–203.
Garten	= H. F. Garten: Modern German Drama, New York, 1962.
Grenzmann I	= Wilhelm Grenzmann: Dt. Dichtung der Gegenwart, 1955.
Grenzmann II	= Ders.: Dichtung u. Glaube, 1960.
Günther	= Vincent J. Günther: Franz Werfel. In: Dt. Dichter der Moderne, 1965.
Haas I	= Willy Haas: Die literarische Welt. Erinnerungen, 1957.
Heselhaus	= Clemens Heselhaus: Franz Werfels Gleichnis-Gedichte. In: Dt. Lyrik der Moderne, 1962.
Junge	= Carl Junge: Die Lyrik des jungen Werfel, Diss. 1956.

Klarmann I	=	Adolf D. Klarmann: Vorbemerkung. In: F. W., Erzählungen aus zwei Welten, Bd. 1, 1948.
Klarmann II	=	Ders.: Einleitung. In: F. W., Das Reich der Mitte, 1961.
Klarmann III	=	Ders.: Musikalität bei Werfel, Diss. 1931.
Krügel	=	Fred August Krügel: Suffering and the Sacrificial Ethos in the Dramatic Works of Franz Werfel, Diss. 1959.
Lea I	=	Henry Arthur Lea: The Unworldly Character in the Works of Franz Werfel, Diss. 1962.
Luther	=	Arthur Luther: Werfel und seine besten Bühnenwerke, 1922.
Mahler-Werfel	=	Alma Mahler-Werfel: Mein Leben, 1960.
Maier	=	Bernhard Maier: Vater u. Sohn. Zur Deutung der Dichtung Franz Werfels, Diss. 1960.
Mann	=	Thomas Mann: Die Entstehung des Doktor Faustus. Roman eines Romans, 1966.
Meister	=	Helga Meister: Franz Werfels Dramen u. ihre Inszenierungen auf der deutschsprachigen Bühne, Diss. 1964.
Mittenzwei	=	Johannes Mittenzwei: Das Musikalische in der Literatur, 1962.
Puttkamer	=	Annemarie von Puttkamer: Franz Werfel. Wort u. Antwort, 1952.
Rück	=	Heribert Rück: Franz Werfel als Dramatiker, Diss. 1965.
Sokel	=	Walter H. Sokel: Der Literarische Expressionismus, 1970.
Specht	=	Richard Specht: Franz Werfel. Versuch einer Zeitspiegelung, 1926.
Stöcklein	=	Paul Stöcklein: Franz Werfel. In: Dt. Literatur im 20. Jh. Bd. 2 Gestalten. [5]1967.
Tätiger Geist	=	Tätiger Geist: Zweites der Ziel-Jahrbücher. Hrsg. Kurt Hiller, 1918.
Urzidil I	=	Johannes Urzidil: Prager Triptychon, 1960.
Vogelsang	=	Hans Vogelsang: Österreichische Dramatik des 20. Jhs., 1963.
Weltfreunde	=	Weltfreunde. Konferenz über die Prager dt. Literatur. Hrsg. von Eduard Goldstücker, 1967.
Welzig	=	Werner Welzig: Der dt. Roman im 20. Jh., 1970.
Wolff I	=	Kurt Wolff: Briefwechsel eines Verlegers 1911 bis 1963, 1966.
Wolff II	=	Ders.: Autoren – Bücher – Abenteuer. Betrachtungen u. Erinnerungen eines Verlegers, 1969.
Zahn	=	Leopold Zahn: Franz Werfel, 1966.

A	=	Auslese
BBI	=	Bulletin des Leo Baeck Instituts
BT	=	Berliner Tageblatt
Die Christl. Welt	=	Die Christliche Welt (Marburg)
CV Ztg.	=	Central Verein Zeitung
DR	=	Deutsche Rundschau
FAZ	=	Frankfurter Allgemeine Zeitung
FZ	=	Frankfurter Zeitung
GL & L	=	German Life & Letters
GQ	=	German Quarterly
GR	=	The Germanic Review
Herder-Blätter Faks.	=	Herder Blätter. Faksimile-Ausgabe zum 70. Geburtstag von Willy Haas, 1962.
Hs.	=	Handschrift
JEGP	=	Journal of English and Germanic Philology
KWA	=	Kurt-Wolff-Archiv, Yale
Das lit. Echo	=	Das literarische Echo
Die lit. Welt	=	Die literarische Welt (Zeitschrift)
LTLS	=	London Times Literary Supplement
MLJ	=	Modern Language Journal
MLQ	=	Modern Language Quarterly
MNN	=	Münchner Neueste Nachrichten
NFP	=	Neue Freie Presse
NR	=	Die Neue Rundschau
NWJ	=	Neues Wiener Journal
NWT	=	Neues Wiener Tagblatt
NY	=	New York
NYHT	=	New York Herald Tribune
NYT	=	The New York Times
NZfM	=	Neue Zeitschrift für Musik
ÖN	=	Österreichische Nationalbibliothek
PMLA	=	Publications of the Modern Language Association
PP	=	Prager Presse
PT	=	Prager Tagblatt
Signale	=	Signale für die musikalische Welt
SNM	=	Schiller-Nationalmuseum Marbach

SRL	=	Saturday Review of Literature (New York)
Stb.	=	Stadtbibliothek
T	=	Tagebuch
TB	=	Das Tage-Buch
UE	=	Universal Edition
UCLA	=	University of California, Los Angeles
VZ	=	Vossische Zeitung
WB	=	Weltbühne
WW	=	Wort und Wahrheit
Wirk. W	=	Wirkendes Wort
ZfB	=	Zeitschrift für Bücherfreunde
ZfD	=	Zeitschrift für Deutschkunde
ZfdU	=	Zeitschrift für den deutschen Unterricht
ZfM	=	Zeitschrift für Musik
Ztg.	=	Zeitung
Zts.	=	Zeitschrift

I. Materialien

1. Nachlaßbericht

Der *literarische Nachlaß* von Franz Werfel befindet sich fast ausschließlich in den Vereinigten Staaten, und zwar an der University of California at Los Angeles, an der University of Pennsylvania in Philadelphia und an der Yale University in New Haven. Der Nachlaß enthält die Werke, die in Amerika in den Jahren 1940–1945 entstanden sind, außerdem große Teile von Werfels österreichischem Archiv, das seine Frau Alma Mahler-Werfel im Herbst 1947 aus Wien nach Amerika geholt hatte. Die Materialien in Yale befinden sich im Kurt Wolff Archiv und im Theatre Guild Archiv.

1. Das Franz Werfel Archiv an der University of California at Los Angeles.

Tagebücher und Notizbücher: Im Archiv sind 51 Tage- und Notizbücher verschiedenen Umfangs aus dem Zeitraum 1910–1941 mit Entwürfen von Gedichten und Notizen, hauptsächlich zu »Einander«, »Der Gerichtstag« und »Beschwörungen«. Eine Reihe von Notizbüchern enthalten Erstfassungen von Werken: »Stockleinen«, »Die schwarze Messe«, »Spielhof«, und »Progrom«; Notizen, Entwürfe und Teilfassungen zu Dramen: »Besuch aus dem Elysium«, »Die Mittagsgöttin«, »Juarez und Maximilian«, »Das Reich Gottes in Böhmen«, und »In einer Nacht«; außerdem Vorarbeiten zu den Romanen »Verdi«, »Die Geschwister von Neapel«, »Die vierzig Tage des Musa Dagh«, »Jeremias. Höret die Stimme« und »Cella«.

Manuskripte und Typoskripte: An vollständigen Manuskripten von größeren Werken finden sich: »Stern der Ungeborenen«, mit dem Arbeitstitel ›Reiseroman‹, in drei Teilen von insgesamt 488 SS.; »Jacobowsky und der Oberst«, mit dem Arbeitstitel ›It is a long way to Saint Jean de Luze‹ oder Jacobowsky und der Oberst‹, 131 SS.; »Theologumena«, welche etwa ein Drittel des Buches »Zwischen Oben und Unten« ausmachen.

An Typoskripten in deutscher Sprache (maschinengeschrieben bzw. hektographiert): »Der Weg der Verheißung«, 105 SS.; »Das Lied von Bernadette«, in zwei Teilen von insgesamt 654 SS.; »Jacobowsky und der Oberst«, wovon zwei Fassungen existieren, 137 SS. und 158 SS.; ›Reiseroman‹ (s. o.), in drei Teilen von insgesamt 760 SS.; und »Theologumena«, 145 SS. – Ferner mehrere Typoskripte in englischer Sprache (Bühnenbearbeitungen, Drehbuchfassungen, Übersetzungen).

Weiter sind die handschriftlichen Manuskripte zu 6 erzählenden Schriften vorhanden: das frühe Märchen »Der Dschin«, 1918, 20 SS., und die im Exil verfaßten Geschichten »Par l'amour«, 1938, 7 SS.,

»Weißenstein, der Weltverbesserer«, 1939, 8 SS., und »Die wahre Geschichte vom wiederhergestellten Kreuz«, 1942 (die Erzählung entstand bereits 1938), 26 SS.; ferner zwei Erzählungen, deren Veröffentlichung Werfel ausdrücklich verbot: »Die Katze«, 1906, 9 SS. und »Das traurige Lokal«, 1912, 7 SS. 25 Typoskripte von insgesamt 350 SS. lagern im Archiv, darunter das Romanfragment »Die schwarze Messe«, 1919, 61 SS., »Der Arzt von Wien«, 1938, 8 SS., »Géza de Varsany oder Wann wirst du endlich eine Seele bekommen«, 1944, 27 SS., und »Ein wichtiges Erlebnis beim Hochschwebenden«, 8 SS., welches die Originalfassung dieser Episode im 15. Kapitel des Romans »Stern der Ungeborenen« darstellt.

Außerdem befinden sich 36 essayistische Einzelwerke (über 400 handgeschriebene Seiten) im Archiv, darunter eine Vortragsfassung zu »Können wir ohne Gottesglauben leben?« unter dem Titel »Kann die Menschheit ohne Religion leben?«, 1932, 17 SS., »Stefan Zweigs Tod«, 1940, 6 SS., »Gustav Mahler (Zur Einführung in den Mahler-Zyklus der N. B. C.)«, 1941, 2 SS., und »Max Reinhardt zum neunten September 1943«, 3 SS. Das Archiv enthält außerdem 24 Typoskripte von Essays von zusammen 300 Seiten, z. B. »Beim Anblick eines Toten«, 1938, 11 SS., »Heimkehr ins Reich«, 1938, 6 SS., »Nur ein Weg zur deutschen Rettung« in zwei Fassungen, 1945, 3 bzw. 2 SS.

Gedichte: Über 200 handgeschriebene und über 200 maschinengeschriebene Blätter mit verschiedenen Fassungen von Gedichten befinden sich im Archiv, außerdem holländische und englische Übersetzungen auf ungefähr 100 Seiten in Maschinenschrift.

Dramenfragmente und Szenarien: An Handschriftlichem sind vorhanden: 14 Blätter zu »Schweiger«; 42 Blätter zu »Paulus unter den Juden«; 58 Blätter betitelt »Inszenierungsübersicht für das Bibelspiel ›Der Weg der Verheißung‹«; 28 Blätter zu »Jacobowsky und der Oberst«. Als Typoskript ist nur »Der Berg des Beginns. Festkantate mit Szene und Tanz« auf 19 Blättern da.

Briefe von Werfel: Das Archiv birgt etwa 500 Korrespondenzstücke von Werfel. Davon sind 265 an Alma gerichtet: Handgeschriebene, meist undatierte Briefe, außerdem mehrere Postkarten und zahlreiche Telegramme aus dem Zeitraum 1918–1945.

Briefe an Werfel: Im Archiv befinden sich zahlreiche Briefe und Ansichtskarten namhafter Schriftsteller und Künstler; ferner die umfangreiche Geschäftskorrespondenz sowie Briefe vieler Menschen, die schriftlich ihre Bewunderung oder ihren Ärger über Werfels Werk ausdrückten.

2. *Das Franz Werfel Archiv an der University of Pennsylvania in Philadelphia.*

Manuskripte und Typoskripte: Am wertvollsten für die Werfel-Forschung sind wohl die eigenhändigen Manuskripte von Werfels großen Werken, viele in letzter Reinschrift und gebunden. An *Dramen:* »Spiegelmensch. Magische Trilogie.« Fortsetzung des zweiten

Teils. »Eins ums Andre«, 1920, S. 146–292 mit einem fünfseitigen Nachtrag; »Bocksgesang in fünf Akten«, 1921, 176 SS.; »Schweiger. Ein Trauerspiel in 3 Akten«, 1922, 124 SS.; »Juarez und Maximilian von Mexiko. Große Historie in 3 Phasen und dreizehn Bildern«, 1924, 142 SS.; »Paulus unter den Juden. Dramatische Legende in sechs Bildern«, 1926, 133 SS.; »Das Reich Gottes in Böhmen. Tragödie eines Führers in drei Teilen. 1. Band«, 1930, 104 SS.; »Der Weg der Verheißung. Ein Bibelspiel«, 1934, 76 SS.; und »Jacobowsky und der Oberst. Komödie einer Tragödie in 3 Akten (3. Fassung)«, 1942, 172 SS. – An *Prosawerken:* »Nicht der Mörder, der Ermordete ist schuldig. Novelle. Fortsetzung«, 1920, S. 59–230; zwei Fassungen des »Verdi«-Romans, 1923, 914 bzw. 726 SS.; »Der Tod des Kleinbürgers (1. Niederschrift) Skizze«, 1926, 76 SS.; »Die Entfremdung/Die Liebe der Schwester«, 87 SS.; »Geheimnis eines Menschen«, 71 SS., und »Novellen« (darin »Die Hoteltreppe«, 40 SS., »Barbieri«, 19 SS., »Die Liebe der Schwester«, 79 SS., »Das Trauerhaus« 63 SS.), alle 1927; zwei Niederschriften von »Barbara oder die Frömmigkeit«, die erste Fassung mit dem Untertitel »Erzählung in 4 Fragmenten. 1ter Entwurf« und die zweite mit dem Untertitel »Ein Leben in Vier Fragmenten. Roman. Die II Niederschrift«, beide 1929, 651 bzw. 777 SS.; »Kleine Verhältnisse. Erzählung«, 1930, mit dem Vermerk »Aus dem geplanten mehrbändigen Zyklus ›Die Lebensalter‹«, 70 SS.; »Die vierzig Tage des Musa Dagh. Roman«, 1933, 888 SS.; »Jeremias. Höret die Stimme«, 1936, mit den folgenden provisorischen Titeln: »Der Künder des Herrn«, »Die furchtbare Stimme«, »Der Goldweider« und »Der ewige Jäger«; das Romanfragment »Cella oder Die Überwinder«, 1939, 281 SS.; »Eine blaßblaue Frauenschrift«, hier noch unter dem Titel »Wirrnisse eines Oktobertags«, 1940, 70 SS.; »Das Lied von Bernadette«, 1941, 530 SS. Außerdem die folgenden Typoskripte: »Cella«, 317 SS. und ein unvollständiges frühes Typoskript von »Spiegelmensch«, 88 SS. Ferner mehrere englische Bearbeitungen von Werfels Werken.

Gedichte: Über 100 Blätter mit handgeschriebenen und maschinengeschriebenen Gedichten.

Notizen und Fragmente: Etwa 400 Blätter mit Notizen zu Dramen, Romanen und essayistischer Prosa, hauptsächlich in Werfels eigener Hand.

Korrespondenz: Von Werfel selbst findet man im Archiv verhältnismäßig wenige Stücke (meist Entwürfe und Durchschläge). Der größte Teil der umfangreichen Korrespondenz (über 5000 Stücke) ist an Alma Mahler-Werfel gerichtet, einige hundert Briefe gemeinsam an Franz und Alma, schließlich ein kleiner Teil an Franz allein.

3. Das Kurt Wolff Archiv in der Beinecke Rare Books and Manuscripts Library, Yale University.

Dieses Archiv besteht aus Korrespondenzstücken, handschriftlichen und maschinengeschriebenen Manuskripten, Vortrags- und Theaterprogrammen sowie Verträgen zwischen Franz Werfel und dem Kurt Wolff Verlag. An Handschriften enthält das Archiv »Die Troerinnen des Euripides. Ausgewählte Szenen für die Weißen Blätter«, 1914, 41 SS., Gedichte aus »Wir sind« und »Gerichtstag« (insgesamt 50 handgeschriebene und 16 maschinengeschriebene Blätter).

4. *Das Theatre Guild Archiv in der Beinecke Rare Books and Manuscripts Library, Yale University.*

Werfel ist für den Zeitraum 1926–1944 mit vier Inszenierungen vertreten (»Goat Song«, »Juarez und Maximilian«, »Jacobowsky and the Colonel« und »Embezzled Heaven«). Die Unterlagen zu diesen Inszenierungen (Bühnenbearbeitungen, Regiebücher, Entwürfe für das Bühnenbild und die Kostüme, Rezensionssammlungen, Programme, Photographien, Theaterkorrespondenz) sind vorhanden. Aus der wohl vollständigen Sammlung von Rezensionen (ca. 4000) ist genau ersichtlich, wie Werfels Theaterstücke in Amerika von der Kritik beurteilt und vom Publikum aufgenommen wurden.

5. *Die Bestände in der Research Library for the Performing Arts in Lincoln Center (ein Teil der New York Public Library) in New York.*

In deutscher Sprache ist ein Typoskript der dritten Fassung von »Jacobowsky« vorhanden, ferner englische Typoskripte und die Regiebücher mehrerer Dramen. Eine große Zahl von Photographien, etwa 200 Zeitungsausschnitte und einige Theaterprogramme vervollständigen das Bild dieser Sammlung.

6. *Die Bestände des Ben Huebsch Archivs an der Library of Congress (Manuscript Division) in Washington.*

Die umfangreiche Sammlung dieses bekannten amerikanischen Verlegers, die wertvolle Materialien einiger Exilautoren birgt, enthält folgende Typoskripte von Werfel: »Der veruntreute Himmel. Roman«, 404 SS.; »Ein kleiner Roman (Blaßblaue Frauenhandschrift)«, 64 SS.; »Die wahre Geschichte vom wiederhergestellten Kreuz«, 41 SS.; ferner sind auch einige Briefe von Werfel und Durchschläge der Verlagskorrespondenz an Werfel vorhanden.

7. *Die Universität Texas in Austin* besitzt die Reinschrift von »Der veruntreute Himmel«, 232 SS. Mit eingebunden sind Handschriften von »Par l'amour«, 17 SS.; »Der Arzt von Wien«, 7 SS.; und »Ein Star«, 6 SS. Ferner befindet sich in Texas der Briefwechsel zwischen Werfel und dem PEN-Club (1931–1939), der aus 14 Stücken besteht. *Das Yivo Institut for Jewish Research* in New York besitzt die Handschrift von »Begegnung über einer Schlucht«, 3 SS. Einige Briefes Werfels liegen in der Sammlung des *Leo Baeck Institutes* in New York.

8. Die folgenden Materialien befinden sich in *privater Hand. Gustave O. Arlt,* Washington D. C. besitzt die Reinschrift von »Jacobowsky und der Oberst«, ferner neun Notizbücher unterschiedlicher Größe, wovon das 1914 geschriebene dramatische Fragment »Esther, Kaiserin von Persien« 108 SS. zwei Notizbücher einnimmt. Ferner besitzt Dr. Arlt einen Entwurf zu »Nicht der Mörder«, 60 SS., »Spielhof«, 60 SS., einen Entwurf zu »Die verlorene Mutter«, 20 SS.; außerdem Notizen zu »Juarez und Maximilian«, »Paulus unter den Juden«, »Verdi« und Skizzen zu weiteren Werken; schließlich ca. 100 Telegramme von und an Werfel, den »Jacobowsky« betreffend. *Adolf D. Klarmann,* Philadelphia, Pennsylvania ist der Eigentümer vieler Materialien, die seiner langjährigen Freundschaft mit dem Dichter und der Beschäftigung mit dessen Werk entstammen: die Handschriften von etwa 100 Gedichten, verschiedene Zettel mit Gedanken, einen Brief an Dr. Bermann-Fischer, mehrere Briefe und ein Telegramm von Werfel, Kopien der Korrespondenz mit Werfels Schwester Mitzi Rieser, Kopien der Korrespondenz mit Gertrud Spirk, Photokopien von Briefen an Sigmund Freud sowie Kopien anderer Korrespondenzen. Er besitzt auch das wahrscheinlich als einziges erhaltene Exemplar von »Dramaturgie und Deutung des Zauberspiels Spiegelmensch« (1921), das somit Manuskript-Wert hat. Im Besitz der *Erben Gertrud Spirks,* die in New York leben, befinden sich etwa fünfzig Briefe an diese aus den Jahren 1915-1920, außerdem vier Gedichtmanuskripte von Werfels Hand. Die an den Schriftsteller *Johannes Urzidil* gerichteten Briefe vom 18. April 1940 und vom 3. Juli 1942 und die Handschrift zu »Erinnerung an Karl Brand« befinden sich im Besitz seiner Witwe Gertrude Thieberger-Urzidil und sollen später als Teil seines literarischen Nachlasses dem Leo Baeck Institut in New York zugehen.

Prof. Meyer Krakowski, Los Angeles, empfing von Werfel als Geschenk einige Manuskripte von Gedichten, erhielt Briefe, dazu besitzt er die Originalplatten, auf denen Werfel kurz vor seinem Tode Gedichte las und eine umfangreiche Sammlung von (zum Teil signierten) Erstausgaben von Werfel. Werfels Korrespondenz mit Edith Abercrombie Snow, die seine Gedichte ins Englische übersetzte, sind heute im Besitz von Karl Arndt, Clark University, Worcester, Mass. Wolfgang Paulsen, University of Massachusetts, besitzt zwei Briefe von Werfel aus dem Jahre 1943. Umfangreiche Werfel-Archive, die vorwiegend aus Erstausgaben und Sekundärliteratur bestehen, besitzen Lore B. Foltin, University of Pittsburgh, Pennsylvania und John M. Spalek, State University of New York, Albany.

9. Außerhalb der Vereinigten Staaten findet sich Material in der *Österreichischen Nationalbibliothek in Wien* und zwar die Handschrift von »Juarez und Maximilian«, für welches Werfel der Österreichische Staatspreis verliehen wurde. In der Sammlung Stefan Zweig, ebenfalls in der Österreichischen Nationalbibliothek, ist die Handschrift des Dramas »Euripides oder über den Krieg«, datiert Prag,

Dezember 1914, mit dem Vermerk »Darf nie veröffentlicht werden«. Im *Dumont-Lindemann-Archiv* der Landeshauptstadt Düsseldorf befinden sich einige Briefe von Werfel und ein Regiebuch zu »Die Troerinnen des Euripides«. *Conrad Lester*, der nach langjährigem Aufenthalt in Los Angeles wieder in Wien wohnhaft ist, besitzt einige Gedichtmanuskripte. Die *Wiener Stadtbibliothek* besitzt die Handschrift von »Bocksgesang«, 157 SS. und eine Fassung des Prologs zu »Die Troerinnen«, 13 SS. – In *Prag* befinden sich im *Památník Národního Písemnictví* im literarischen Archiv 2 handschriftliche Blätter aus den »Troerinnen«, ein Blatt mit einem Gedicht und 3 handgeschriebene Briefe Werfels. – Das *Schiller-Nationalmuseum in Marbach a. N.* besitzt eine Handschrift von »Der Weltfreund«, 39 SS.; den zweiten Akt der »Mittagsgöttin« 28 SS.; die Druckbogen mit Korrekturen zu »Der Besuch aus dem Elysium«, 12 SS.; außerdem 17 Briefe und eine Sammlung von Zeitungs- und Zeitschriftenausschnitten mit Beiträgen von und über Werfel. – Die *Jewish National and University Library in Jerusalem* besitzt die Handschriften und Materialien verschiedener deutscher Autoren darunter etwa 20 Blätter in Werfels Hand (Gedichte und Briefe), sowie den Umbruch zu »Der Gerichtstag«. – Die Urheberrechte zu Werfels Werk liegen bei seiner Stieftochter Anna Mahler.

Literatur zu W.s Nachlaß:

LORE B. FOLTIN: The F. W. Archives in Los Angeles. In GQ XXXIX, Nr. 1 (Jan. 1966), S. 55–61. – LORE B. FOLTIN und JOHN M. SPALEK: F. W.s literarischer Nachlaß. In: Institut f. Auslandsbeziehungen. Zts. f. Kulturaustausch XIX, Nr. 1 (1969), S. 39–44. – ADOLF D. KLARMANN: F. W.s Nachlaß. Zum 60. Geburtstag. In: Die Welt, 9. Sept. 1950.

2. Literaturübersicht

a) Ausgaben

Auf Erstdrucke, Einzelausgaben und Vorabdrucke wird in den einzelnen Kapiteln hingewiesen.

Die *Gesammelten Werke* betreut ADOLF D. KLARMANN. Bis jetzt sind im S. Fischer Verlag erschienen:

3 Bde. Erzählungen aus zwei Welten (Bd I 1948, Bd II 1952, Bd III 1954) = Er I, II, III.

2 Bde. Die Dramen (1959) = Dr I, II

1 Bd. Das lyrische Werk (1967) = LW

Die Romane werden innerhalb der Gesammelten Werke als Einzelausgaben veröffentlicht. Von den Essays erschienen in Buchform nur diejenigen, welche in »Zwischen oben und unten« enthalten sind.

Rez. zu Er I: HEINZ POLITZER: Zur Prosa des jungen F. W. In: NR LX, Nr. 14 (Frühjahr 1949), S. 283–287. – *Rez.* zu Dr I u. II: ROBERT BREUER: F. W.'s Ges. Werke. In: Books Abroad XXV (Summer 1961), S. 259–260. – *Rez.* zu LW: FRANCIS GOLFFING: In: Germanistik IX, Nr. 1 (Jan. 1968), S. 218. KURT IHLENFELD: Kunde vom Weltfreund. In: Die Zeitwende XXXIX, Nr. 8 (Aug. 1968), S. 554 bis 556. LORE B. FOLTIN: F. W., Das lyr. Werk. In: GQ XLIII, Nr. 4 (Nov. 1970), S. 789–791. – *Lit. zu W.'s Essays:* FOLTIN II, S 172–203. FRANK C. BUCK: The Non-Creative Prose of F. W. In: Foltin I, S. 83–95.

Auswahlausgaben

FRANZ WERFEL. Das Reich der Mitte. Eingel. u. ausgew. v. Adolf D. Klarmann. Graz u. Wien: Stiasny-Bücherei 1961. = Das österreichische Wort 76. – *Rez.:* W[OLFGANG] P[AULSEN], in: Germanistik IV (1963), S. 164.

FRANZ WERFEL. Eine Auslese. Ausgew. u. hrsg. v. Ruth Stadelmann. Einf. v. Willy Haas. Wien: Carl Ueberreuter 1969.

FRANZ WERFEL. Menschenblick. Ausgew. Gedichte. Ausw. u. Nachw. v. Richard Christ. Berlin, Weimar: Aufbau Verlag 1967. – *Rez.:* FRANCIS GOLFFING, in: Germanistik IX, Nr. 1 (Jan. 1968), S. 218.

Die folgenden Prosastücke Werfels erscheinen weder in Er I, II, III, noch in Dr I, II, noch in Foltin II, noch in einer der Auswahlausgaben: »Die Stagione. Eine Novelle v. F. W.«. In: Germanistica Pragensia IV (1966), S. 75–83 (s. S. 28) »Ein Ulan« In: Zeit-Echo. Ein Kriegs-Tagebuch der Künstler (München), Nr. 3 (1914), S. 26–27. Dass. in: Die weißen Blätter II, Nr. 7 (Juli 1915), S. 933. »Erklärung.« In: Der Vormarsch (Berlin), Nr. 1921. »Das Gedicht und seine Gegner.« Rundfunkrede v. F. W. In: Die literarische Welt VII, Nr. 47 (1931).

b) Briefe

Da Alma Mahler nach ihrer Eheschließung mit Werfel im Jahre 1929 die ganze Korrespondenz übernahm, gibt es, abgesehen von Werfels Briefen an sie, verhältnismäßig wenige Briefe des Dichters. Eine Ausgabe der Werfel-Briefe fehlt noch.

An Gottfried Bermann-Fischer (3): in: Bedroht–Bewahrt. Der Weg eines Verlegers, 1967, S. 176 (Faks. von W.s Brief v. 26. Dez. 1938. Ders. auszugsweise S. 173–174.); Franz Werfel. Eine Auslese, 1969 (Faks. von W.s Brief v. 26. März 1939. Ohne Seitenzahl im Bildanhang); Almanach. Das siebzigste Jahr. 1886–1956. S. Fischer, S. 127 (Faks. von W.s Brief v. 20. Jan. 1940).

An Max Brod (2): in: Brod I, S. 70–71 bzw. Brod II, S. 149 (Teilveröffentl.).

An Erhard Buschbeck (1): in: Erhard Buschbeck. Mimus Austriacus. Aus dem nachgelassenen Werk, hrsg. v. Lotte Tobisch, 1962, S. 277, Faks. S. [187].

An Axel Juncker (1): in: Briefe der Expressionisten (= BdE), hrsg. v. Kasimir Edschmid, 1964. (Ullstein-Buch 471), S. 9, Faks. S. 11.

An Hermann Kesten (1): in: Deutsche Literatur im Exil. Briefe europäischer Autoren 1933–1949, hrsg. v. H. Kesten, 1964, S. 201.

An Robert Klopstock (1): in: Der Monat I (1. Juni 1949), S. [65].

An Karl Kraus (1): in: Die Fackel, XVIII, ccxlv-liii (18. Jan. 1917), S. 133–134.

An Joachim Maass (1): in: Die Stockholmer Neue Rundschau, Nr. 2 (Jan. 1946), S. 143–144 (Teilveröffentl.).

An Alma Mahler-Werfel (1): in: BdE, S. 14 (Herbst 1920).

An Theodore Maynard (1): in: The Commonweal XLI, Nr. 13 (12. Jan. 1945), S. 328 (Telegramm als Antwort auf Maynards Rez. von »Between Heaven and Earth«, die am 15. Dez. 1944 in ders. Zts. erschien).

An Georg Heinrich Meyer (5): in: Kurt Wolff, Briefwechsel eines Verlegers 1911–1962, hrsg. v. Bernhard Zeller u. Ellen Otten, 1966 (= BeV), S. 106–108, 332–334; BdE, S. 10, 12.

An Egbert Munzer (2): in: Stimmen der Zeit CLXV, Nr. 1, 1959, S. 50 ff.

An Heinrich Simon (1): in: BdE, S. 15.

An A. J. Storfer (1): in: Psychoanalytische Bewegung IV, Nr. 5 (Sept./ Okt. 1932), S. 475–476.

An Friedrich Torberg (1): in: Annemarie von Puttkamer, F. W. Wort u. Antwort, 1952, Faks. vor S. x.

An Marie Fürstin von und zu Thurn und Taxis (1): in: R. M. Rilke und Marie von Thurn und Taxis, Briefwechsel, I, 1951, S. 966.

An Kurt Wolff (13): in: BeV, S. 101, 104–106, 111–112 114–119, 335–342, 349–351; BdE, S. 12–13.

An Paul Zech (2): in: BdE, S. 16; in: Gestalten u. Begegnungen. Dt. Lit. seit dem Ausgang des 19. Jhs. Hg. v. B. Zeller (= Sonderausstellungen des SNM Nr. 13), 1964, S. 140.

An Paul Zsolnay (1): in: Fünfundzwanzig Jahre Paul Zsolnay Verlag 1923–1948, 1948, Faks. vor S. 64.

Briefe an Werfel:

Von Alfred Kurella (1): in: Tätiger Geist, S. 222–228.

Von Else Lasker-Schüler (1): in: Wo ist unser buntes Theben. Briefe v. Else Lasker-Schüler, II, 1969, S. 104–105.

Von Thomas Mann (1): in: Briefe 1937–1947, 1963, S. 94–96.

Von der Preußischen Akademie der Künste (2): in: Literatur und Dichtung im Dritten Reich, hrsg. v. Joseph Wulf, 1966, S. 28–29 (= rororo 809/810/811, S. 28–30) (27. März 1933 unterzeichnet: Dr. med. Gottfried Benn u. Amersdorffer; 5. Mai 1933 unterzeichnet: der Präsident: Schillings).

Von Bruno Walter (5): in: Bruno Walter. Briefe 1894–1962, hrsg. v. Lotte Walter Lindt, 1969. An Franz u. Alma Werfel, S. 241–242, 245–247, 270–271, 271–272, 274–275.

Von Kurt Wolff (18): in: BeV. S. 102–104, 109–114, 116, 119–122, 331–332, 336–337, 340–345, 348–349, 351–353.

c) *Interviews:*

L. L.: F. W.s Absage an die »Expressionisten«. Ein Gespräch mit dem Dichter. In: Wiener Mittagspost, 21. Mai 1920, S. 3.

WILLY HAAS: Was arbeiten Sie? Gespräche mit deutschen Dichtern. I. Gespräch mit F. W. In: Die literarische Welt II, Nr. 2 (8. Jan. 1926), S. 1. Dass. in: Willy Haas, Hrsg.: Zeitgemäßes aus der Literarischen Welt von 1925–1932 (Stuttgart), 1963, S. 33–35.

BERTA ZUCKERKANDL-SZEPS: F. W. über sein neues Drama »Paulus unter den Juden«. In: Blätter des Stadttheaters Bonn III, Nr. 3 (15. Okt. 1926), S. 15–16.

Historisches Drama und Gegenwart. Von F. W. In: Neues Wiener Tagblatt, Nr. 342, 14. Dez. 1930, S. 2.

»Das Reich Gottes in Böhmen« im Burgtheater. (Aus einem Gespräch mit F. W.) In: PP, 18. Dez. 1930, S. 8.

E. M. SALZER: Wie mein »Reich Gottes in Böhmen« entstand. Gespräch mit F. W. über sein neues Drama. In: Freiburger Theaterblätter (1931), S. 162–164.

TR: Ein Dichter spricht über sein Werk. Gespräch mit F. W. über »Die Geschwister von Neapel«. In: Wiener Sonn- und Montags-Zeitung, Nr. 44, 2. Nov. 1931, S. 4.

Verdis »Don Carlos« und seine Kritiker. Eine künstlerische Großtat unserer Oper und ihre Bedeutung. Von F. W. Aus einem Gespräch. In: NWJ, 15. Mai 1932, S. 17.

AGNES E. MEYER: Notes on F. W. Herewith a brief Interview with the Author of »The Eternal Road«, NYT, 22. Dez. 1935, Teil IX, S. 5.

F. W. Scorns Films for his Play. In: NYHT, 13. Nov. 1935.

Writers Fleeing Nazis Here by Underground. W. and Thomas Mann's Brother and Son Among 15 who Escaped France. In: NYHT, 14. Okt. 1940.

DREI INTERVIEWS mit: F. W., Alfred Polgar, Lion Feuchtwanger. In: Aufbau (NY), Nr. 42, 18. Okt. 1940, S. 3.

ARTHUR HOLDE: Gespräch mit F. W. In: Aufbau (NY) 8. Febr. 1941, S. 13.

VERNE LINDERMAN: America in Most Important Epoch Artistically, Says Franz Werfel. Noted Author, On Visit Here, Assays Values. In: Santa Barbara News-Press, 23. Mai 1943, S. A8.

F. W. At Work on Latest Novel. In: Santa Barbara News-Press, 11. Febr. 1945, S. C6.

d) *Erinnerungen*

KURT PINTHUS: Erinnerungen an F. W. In: Aufbau 11 (1945), Nr. 36 vom 1. 9., S. 48. – Wieder in: K. P., Der Zeitgenosse. Literarische Portraits und Kritiken. Marbach 1971, S. 82–85.

THOMAS MANN: Die Entstehung des Doktor Faustus. Roman eines Romans. 1949, 24.–27. Td. 1966, S. 18, 27, 39, 42, 53, 55, 76, 99, 106, 114–115 u. passim.

Bruno Walter: Thema u. Variationen. Erinnerungen u. Gedanken. 1947, S. 408–409, 467, 498–499.
Willy Haas: Die literarische Welt. Erinnerungen, 1957 u. List-Bücher 174/175, 1960.
Hermann Kesten: Dichter im Café, 1959, S. 363, 379.
Alma Mahler-Werfel: Mein Leben. Mit einer Einl. v. Willy Haas, 1960.
Max Brod: Streitbares Leben, ¹1960. ²1969.
Ders.: Der Prager Kreis, 1966.
Johannes Urzidil: Prager Triptychon, 1960.
Kurt Wolff: Autoren – Bücher – Abenteuer. Betrachtungen u. Erinnerungen eines Verlegers, ¹1965. ²1969.
Bertha Zuckerkandl: F. W. In: Österreich intim. Erinnerungen 1892 bis 1942, hrsg. v. Reinhard Federmann, 1970, S. 171–172.
Vgl. auch: Ingrid Bode: Die Autobiographien z. dt. Literatur, Kunst und Musik (Repertorien z. dt. Lit. Gesch. 2), 1966, S. 284 f. (dort weitere Hinweise).

e) Bibliographien

I. F. W. Hochbaum: Künstlertum u. Wirklichkeit, Diss. Kiel 1956, S. 194–221.
Waltraud Rehfeld: Die Erlösung zur Geistigkeit, Diss. Berlin 1956, S. 467–489.
Claude Hill u. Ralph Ley: F. W. in: The Drama of German Expressionism. A German-English Bibliography (Chapel Hill) 1960, S. 172–191.
Frank McGowan: Bibliography, Works Published 1911–1950. In: Foltin I, S. 96–102.
Rück, S. 187–199.
Foltin II, S. 187–203.
Gero von Wilpert u. Adolf Gühring: F. W. In: Erstausg. dt. Dichtung, 1970, S. 1372–1374.

Die hier angeführten Bibliographien sind entweder unvollständig oder behandeln Teilaspekte des Werfelschen oeuvre. Eine kommentierte Bibliographie, die Werfels Schriften und die gesamte Sekundärliteratur erfassen soll, bereiten Spalek und Foltin vor.

Sekundärliteratur

f) Gesamtdarstellungen

Arthur Luther: W. und seine besten Bühnenwerke, 1922. (Schneiders Bühnenführer).
Richard Specht: F. W. Versuch einer Zeitspiegelung, 1926. – Rez. Hans Elster, in: Die Horen IV, Nr. 10 (1927–1928), S. 916; von Grolman, in: Die schöne Literatur XXVII, Nr. 10 (Okt. 1926), S. 463.

ANNEMARIE VON PUTTKAMER: F. W. Wort und Antwort, 1952.

WERNER BRASELMANN: F. W., 1960 (Dichtung und Deutung, Nr. 7). –
Rez. Walter Hinck, in: Germanistik I, Nr. 3 (Juli 1960), S. 385;
Marguerite Zwiebel, in: Etudes Germaniques XVII, Nr. 1 (Jan./
März 1962), S. 100.

LORE B. FOLTIN: F. W.: 1890–1945 (Pittsburgh) 1961. – Rez. Eliza-
beth G. Lord, in: MLQ, XXII, Nr. 4 (Dez. 1961), S. 407–408;
Murray B. Peppard in: Monatshefte LIV, Nr. 5 (Okt. 1962),
S. 256–257; Ernst Waldinger, in: GQ XXXVI, Nr. 4 (Nov. 1963),
S. 479–480.

LEOPOLD ZAHN: F. W., 1966 (Köpfe des XX. Jahrhunderts, Nr. 42).
– Rez. Uwe Herms, in: Die Welt der Literatur, 18. Aug. 1966;
Franz Theodor Csokor, in: Die Presse (Wien). 10. Sept. 1966.

g) Dissertationen und Magisterarbeiten

LILLI KÖRBER: Die Lyrik F. W.s. Diss. Frankfurt/Main 1925 (Masch.),
131 SS.

ADOLF D. KLARMANN: Musikalität bei W. Diss. Univ. of Pennsylvania
1931. Druck: Philadelphia 1931, 82 SS.

REINHARD RUNGE: Das Faust-Mephisto-Motiv in der deutschen Dichtung und seine Ausprägung in F. W.s Motivgruppen. Diss. Bonn
1933 (Masch.), 146 SS.

ISRAEL S. STAMM: Religious Experience in the Works of F. W. Diss.
Harvard Univ. 1935 (Masch.), 244 SS.

ANNEMARIE RHEINLÄNDER-MÖHL: Umbruch des Geistes in seiner Aus-
wirkung auf die literarische Situation der Gegenwart. Nachgewie-
sen an der zeitbedingten und artfremden Romankunst F. W.s. Diss.
Münster 1936 (Masch.) Druck: Bochum-Langendreher 1936, v, 74 SS.

EUGENIE LOEDERER: W. u. das Christentum. Diss. Wien 1938 (Masch.),
320 SS.

ROSE-MARIE P. AKSELRAD: F. W. durch amerikanische Augen gesehen.
MA Thesis Univ. of Cincinnati 1948, 70 SS.

KORNELIUS FLEISCHMANN: Die religiöse Anschauung F. W.s. Diss. Wien
1948 (Masch.), 128 SS.

ELISABETH HUNNA: Die Dramen von F. W. Diss. Wien 1948 (Masch.),
195 SS.

RIO PREISNER: Mladý W. Diss. Karls-Univ. Prag 1950 (Masch.),
250 SS.

MARYSIA TURRIAN: Dostojewski und F. W. Vom östlichen zum westlichen Denken. Diss. Bern 1950 (Masch.). Druck: Bern 1950, 142 SS.
(Sprache und Dichtung, Nr. 73.)

NEPHI GEORGI: The Mission of the Woman in the Works of F. W.
MA Thesis Univ. of Utah 1951, 90 SS.

RUDOLF KEFER: Ideengehalt und Form der Romane F. W.s. Diss. Inns-
bruck 1952 (Masch.), 269 SS.

GISELA SCHÜRHOLZ: Zola, Huysman, W. – Das Wunder von Lourdes. Diss. Frankfurt/Main 1952 (Masch.), 257 SS.

W. H. FOX: Contributions of a Study of the Vocabulary in the Prose Works of F. W., Principally the Novel »Barbara oder die Frömmigkeit«. MA Thesis Univ. of Liverpool, 1953.

FRANK SLAVKO LAMBASA: Mythological and Supernatural Elements in Four Early Plays of F. W. Diss. State Univ. of Iowa 1954 (Masch.), 181 SS.

HEINZ LEIDE: Mensch und Welt in der Lyrik F. W.s. Ein Beitrag zur Geschichte des Expressionismus. Diss. Freie Univ. Berlin 1954 (Masch.), 184 SS.

CORONA MEYER: Die Selbstverwirklichung des Menschen in F. W.s epischem Werk. Diss. Bonn 1954 (Masch.), 198 SS.

FRANZ BRUNNER: F. W. als Erzähler. Diss. Zürich 1958 (Masch.). Druck: Zürich 1955, 155 SS.

HERBERT F. WIESE: The Resolution of the Father-Son Conflict in the Works of F. W. Diss. Univ. of Washington 1955 (Masch.), 209 SS.

INGO FRIEDRICH WILHELM HOCHBAUM: Künstlertum und Wirklichkeit – Studien zur Vorgeschichte und Deutung der Bilderwelt in den Gedichten des Gerichtstages von F. W. Unter besonderer Berücksichtigung der Bedeutung August Strindbergs für den dichterischen Expressionismus in Deutschland. Diss. Kiel 1956 (Masch.), 244 SS.

FREDERICK CHARLES ELLERT: The Problem of the Jew in W.s. Prose Works. Diss. Stanford Univ. 1956 (Masch.), 243 SS.

CARL JUNGE: Die Lyrik des jungen W.: Ihre religiöse und strukturelle Problematik. Diss. Hamburg 1956 (Masch.), 224 SS.

WALTRAUD REHFELD (geb. Grassow): Die Erlösung zur Geistigkeit. Ein Beitrag zur Untersuchung der Geistesmetaphysik F. W.s. unter besonderer Berücksichtigung der Zeitkritik in der Geschichtsdeutung des Dichters. Diss. Freie Univ. Berlin 1956 (Masch.), 489 SS.

ELISABETH SANDS-GRÜNBAUM: Die Gestalt des Kindes in den Werken F. W.s. Diss. Univ. of Illinois 1956 (Masch.), 219 SS.

ANNELORE SCHMIDT-WEYLAND: Das religiöse Anliegen im Romanwerk F. W.s. (Wandlung, Entwicklung, Lösung). Diss. München 1957 (Masch.), 166 SS.

CHRISTA VOSS: Das Problem der Wirklichkeit und seine Lösung im Werk F. W.s. Diss. München 1957 (Masch.), 122 SS.

PRUDENT CAMIEL COUSSENS: The Figure of the Catholic Priest in the Works of F. W. State Univ. of Iowa 1958 (Masch.), 219 SS.

ERNST KELLER: F. W. – sein Bild des Menschen. Diss. Zürich 1958 (Masch.). Druck: Aarau 1958, 121 SS.

H. WALTERS: Grenzen der Utopie. Die Bedingungen des utopischen Romans, dargelegt an F. W.s »Stern der Ungeborenen«. Diss. Erlangen 1958 (Masch.), 96 SS.

FRED AUGUST KRÜGEL: Suffering and the Sacrificial Ethos in the Dramatic Works of F. W. Diss. Univ. of Minnesota 1959 (Masch.), 270 SS.

John Roger Davys Manning: The Historical Drama of Expressionism
With Special Reference to the Works of Georg Kaiser, Fritz von
Unruh and F. W. MA Thesis Univ. of London 1959 (Masch.),
268 SS.

Bernhard Maier: Vater und Sohn. Zur Deutung der Dichtung F. W.s.
Diss. Freiburg i. B. 1960 (Masch.), 479 SS.

Martin Arnold: F. W. Des Dichters Welt und Weg zwischen Lyrik
und Drama (1910–1930). Sein frühes Verhältnis zur Zeit. Diss.
Freiburg (Schweiz) 1961 (Masch.). Teildruck: Lyrisches Dasein und
Erfahrung der Zeit im Frühwerk F. W.s. Freiburg (Schweiz) 1961.

Johannes Hempel: Vision und Offenbarung in F. W.s Romanen »Jeremias. Höret die Stimme« und »Das Lied von Bernadette«. Ein
Beitrag zur Frage nach einer evangelisch-theologischen Literatur-
kritik. Diss. Leipzig 1962 (Masch.), 235 SS.

Henry Arthur Lea: The Unworldly Character in the Works of F. W.
Diss. Univ. of Pennsylvania 1962 (Masch.), 273 SS.

Hanuš Karlach: W.s Kampf um das Drama. Des Dichters theatra-
lische Anfänge. Diplomarbeit. Karls-Univ. Prag 1963 (Masch.).

Helga Meister: F. W.s Dramen und ihre Inszenierungen auf der
deutschsprachigen Bühne. Diss. Köln 1964, 285 SS.

Gisela Anna Morgner: W's Spätwerk. MA Thesis. The Monterey
Institute of Foreign Studies 1964 (Masch.), 80 SS.

Heribert Rück: F. W. als Dramatiker. Diss. Marburg 1965 (Masch.),
199 SS.

Werner Blumenthal: Sin and Salvation in the Works of F. W. Diss.
UCLA 1967 (Masch.), 232 SS.

James C. Davidheiser: F. W. and the Historical Novel. An Analyti-
cal Study of »Verdi«, »Die vierzig Tage des Musa Dagh«, and
»Das Lied von Bernadette«. Diss. Univ. of Pittsburgh 1972
(Masch.), 225 SS.

*h) Aufsätze in Sammelwerken und Behandlung in Literatur-
geschichten*

Herbert Ahl: Ein Welt-Freund. In: H. A., Literarische Porträts,
1962, S. 195–200.

Hans von Arnim: F. W. In: Christliche Gestalten neuerer Dichtung,
1961, S. 117–134.

Felix Bertaux: A Panorama of German Literature. From 1871–1931,
übersetzt von John J. Trounstine (New York), 1935, S. 221–230.

Robert Blauhut: F. W. In: Österreichische Novellistik des 20. Jahrhunderts, 1966, S. 119–126.

Peter Demetz: René Rilkes Prager Jahre, 1953, S. 106 ff.

William A. Drake: F. W. In: Contemporary European Writers (New
York), 1928, S. 28–42.

Wilhelm Duwe: Deutsche Dichtung des 20. Jahrhunderts, 1962, Bd. I,
S. 147–148, 164–170; Bd. 2, S. 347–351 u. passim.

Arthur Eloesser: Die Deutsche Literatur, 1931, Bd. 2. Von der Romantik bis zur Gegenwart, S. 577–579.

PAUL FECHTER: Das europäische Drama, Geist und Kultur im Spiegel des Theaters, 1958, Bd. 3, S. 70–78.

W. H. FOX: F. W. In: German Men of Letters, hrsg. v. A. Natan (London), 1964, Bd. 3, S. 107–125.

WILHELM GRENZMANN: Deutsche Dichtung der Gegenwart, 1955, S. 266 bis 278.

DERS.: F. W. In: Dichtung und Glaube. Probleme und Gestalten der deutschen Gegenwartsliteratur, 1950. [4]1960.

VINCENT J. GÜNTHER: F. W. In: Deutsche Dichter der Moderne. Ihr Leben und Werk, hrsg. v. Benno v. Wiese, 1965, S. 280–299.

CLEMENS HESELHAUS: F. W.s Gleichnis-Gedichte. In: Deutsche Lyrik der Moderne von Nietzsche bis Yvan Goll, [2]1962, S. 205–213.

LYNTON HUDSON: Symbolic Evangelism and the Philosophical Revue. In: Life and the Theatre (New York), 1954, S. 97–105.

ADOLF B. KLARMANN: Einleitung zu Das Reich der Mitte, S. 5–41.

DERS.: F. W. In: Expressionismus als Literatur, hrsg. v. Wolfgang Rothe, 1969, S. 410–425.

DERS.: F. W. In: Lexikon der Weltliteratur im 20. Jahrhundert, 1961, II, S. 1239–1246.

L[UDWIN] L[ANGENFELD]: F. W. In: Reclams Romanführer, hrsg. v. Johannes Beer unter Mitwirkung v. Bernhard Rang, [1]1963, [3]1968, Bd. 2, S. 224–237.

SOL LIPTZIN: Germany's Stepchildren (Philadelphia), 1944, S. 201 bis 209.

FRITZ MARTINI: F. W. In: Was war Expressionismus? Deutung und Auswahl seiner Lyrik, 1948, S. 134–144.

JOHANNES MITTENZWEI: Das Musikalische in der Literatur. Ein Überblick von Gottfried v. Straßburg bis Brecht, 1962, S. 299–313.

HARRY T. MOORE: The Early Werfel: Revolutionist and Expressionist. The Later Werfel: Exile and World Fame. In: Twentieth Century German Literature (New York), 1967, S. 28–32.

WOLFGANG PAULSEN: Expressionismus u. Aktivismus. Eine typologische Untersuchung, 1935, S. 92–95, 129–130 u. passim.

ANNEMARIE VON PUTTKAMER: F. W. In: Christliche Dichter der Gegenwart. Beiträge zur europäischen Literatur, hrsg. v. Hermann Friedmann und Otto Mann, 1955, S. 333–344.

MARCEL REICH-RANICKI: F. W. und S. L. Jacobowsky. In: Die Ungeliebten. Sieben Emigranten, 1968, S. 13–17.

LUISE RINSER: F. W. In: Der Schwerpunkt, 1960, S. 25–43.

ENRICO ROCCO: Umanitá di Franz Werfel. In: Storia della letteratura tedesca dal 1870 al 1933 (Florenz), 1950, S. 185–198.

ALBERT SOERGEL u. CURT HOHOFF: Dichtung u. Dichter der Zeit. Vom Naturalismus bis zur Gegenwart, 1964, 2. Bd., S. 182–129, 481–495 u. passim.

WALTER H. SOKEL: Der literarische Expressionismus, Paperbackausg. 1970, S. 9, 30, 74, 108, 110, 155–156, 167–169, 227–230, 259–265, 277–278 u. passim.

PAUL STÖCKLEIN: F. W. In: Deutsche Literatur im 20. Jahrhundert.
Strukturen und Gestalten, hrsg. v. Otto Mann und Wolfgang Rothe
(begründet v. Hermann Friedmann und Otto Mann), 1954. ⁵1967,
S. 219–237.

ROTRAUT STRAUBE-MANN: F. W. In: Expressionismus. Gestalten einer
literarischen Bewegung, hrsg. v. Hermann Friedmann und Otto
Mann, 1956, S. 129–139.

HANS VOGELSANG: Kritische Mitleidsdramatik. In: Österreichische Dramatik des 20. Jahrhunderts, 1963, S. 119–135.

WILHELM VOLLRATH: Vom Geist der Gegenwart in Kunst und Leben,
1924, S. 46–59.

WERNER WELZIG: Der deutsche Roman im 20. Jahrhundert, ²1970,
S. 163–165, 302–307, 345 u. passim.

WELTFREUNDE. Konferenz über die Prager deutsche Literatur, hrsg.
v. Eduard Goldstücker, 1967, S. 7–9, 39–41, 57–63, 65–74, 81–87
90–96, 142–144, 150–156, 163–166, 313–318, 331–332 u. passim.

i) Aufsätze in Zeitschriften

JOSEF KÖRNER: F. W. In: Die Tat IX, Nr. 9 (Dez. 1917), S. 775–785.

H. W. KEIM: F. W. In: Die Rheinlande XIX (1919), S. 66–71.

CARL ENDERS: Die Rettung des Kunstwerks. In: ZfB N. S. X, Nr. 11
(1918/1919), S. 268–273.

HANS BERENDT: F. W. In: Mitteilungen der literarhistorischen Gesellschaft Bonn XI Nr. 5/7 (1919/1920) S. [107]–154.

PAULA SCHEIDWEILER: F. W. In: Rheinische Thalia I, Nr. 28 (12. März
1922), S. 543–549.

SIEGFRIED VAN PRAAG: Het Theater van F. W. In: Het Tooneel (Den
Haag), XII, Nr. 4 (Sept. 1926), S. 64–70; und Nr. 6 (Nov. 1926),
S. 106–108.

ANNA JACOBSON: F. W.: Eine Würdigung. In: JEGP XXVI (1927),
S. 337–349.

I. ANISIMOV: Osnovnaia problema tvorchestva verfelia. In: Pechatj
i revoljutsja, Nr. 7 (1929), S. 64–78.

EMIL BOCK: Die Krisis der Genialität, F. W.s Ruf nach Offenbarung.
In: Christengemeinschaft V, Nr. 5 (Aug. 1928), S. 137–145.

CORNELIUS SCHROEDER: F. W.s Weltschau. Nach seinen Gedichten. In:
Literarischer Handweiser LXIV, Nr. 12 (Sept. 1928), Sp. 881–888.

ENRICO ROCCO: F. W. In: Pegaso (Florenz), II, Nr. 3 (März 1930),
S. 288–303.

HANS SCHIMMELPFENG: Eine zweite Krise bei F. W. In: Die Christl.
Welt XLV, Nr. 6 (14. März 1931), Sp. 258–263.

EDUARD HITSCHMANN: F. W. als Erzieher der Väter. In: Psychoanalytische Bewegung IV, Nr. 1 (Jan./Feb. 1932), S. 57–61.

WILHELM STEFAN: F. W. oder: Die nächste Bücherverbrennung. In:
Europäische Hefte (Bern), I, Nr. 24 (27. Sept. 1934), S. 358–360.

D. GOLDSTEIN: F. W., Jewish Author. In: Catholic Mind, Nr. 43 (Mai
1945), S. 285–289.

RUDOLF ALEXANDER SCHRÖDER: Zum Streit um W. Sprachwirrwarr beim klugen Hanns. In: Neue Literarische Welt, Nr. 4 (25. Febr. 1952), S. 8.

JOACHIM GÜNTHER: F. W.s glückliche Unentwegtheit. Erfolg, Kritik und Metakritik. In: Die Zeitwende XXXI, Nr. 11 (1960), S. 740–748.

HELLMUT WALTERS: Im Namen des Wunders. Zu F. W.s Menschenbild. In: Sudetenland IX, Nr. 1 (1967), S. 1–7.

FRIEDRICH ABENDROTH: Die dreimalige Botschaft F. W.s. (Zu seinem zehnten Todestag.) In: Wort in der Zeit I, Nr. 2 (Aug. 1955), S. 123–155.

II. Leben und Werk

1. Jugend in Prag (1890–1912)

Franz Werfel wurde am 10. September 1890 in Prag geboren. Über seine Vorfahren wissen wir nur, daß sie deutsch-böhmische Juden waren. Einem Tagebucheintrag im Franz Werfel Archiv an der University of California at Los Angeles (= UCLA) ist zu entnehmen, daß einer der Ahnen eine ärztliche Praxis in einem der ältesten Stadtteile Prags, noch heute ›Kleinseite‹ genannt, ausübte. Ein Urgroßvater väterlicherseits machte den napoleonischen Feldzug nach Rußland als ›Staabscourier‹ mit. Der Sohn dieses ›Staabscouriers‹, Franz Werfels Großvater, zog um die Mitte des 19. Jhs. mit seiner Frau nach Prag. Dort erarbeitete er sich ein ansehnliches Vermögen und war so in der Lage, seinen Sohn Rudolf, den späteren Vater Franz Werfels, auf eine bayerische Internatsschule zu schicken. Doch blieb ihm das Glück nicht auf Dauer günstig; Franz Werfel schreibt, daß sein Vater »schuldenüberlastet mittellos ins Leben trat«. Freilich blieb er es nicht lange. Der geschäftstüchtige RUDOLF WERFEL wandte sich der Erzeugung von Handschuhen zu; die Handschuhexport- und Importfirma Werfel sandte die in Prag verfertigten Handschuhe zunächst nach England, von wo sie mit einem englischen Firmenstempel versehen nach Prag zurück und dort auf den Markt gebracht wurden. Als sein ältestes Kind und einziger Sohn Franz zur Welt kam, hatte Rudolf Werfel es schon zu großem Wohlstand gebracht. Werfels Mutter ALBINE (geb. Kussi) entstammte einer angesehenen und wohlhabenden Familie von Mühlenbesitzern.

In ihren Erinnerungsbüchern haben Werfels Schul- und Jugendfreunde WILLY HAAS, MAX BROD und FRITZ BONDY einiges über das Leben im Werfelschen Haushalt in der eleganten Marienstraße am Stadtpark aufgezeichnet. Haas berichtet vor allem von der rührenden Liebe des heranwachsenden Franz Werfel zu seiner alten tschechischen Kinderfrau BÁBI, die er später in vielen Gedichten feierte und die ihm als Vorbild für die Heldin seines Romanes »Barbara oder die Frömmigkeit« gedient hat. »Wenn man die weiten, weißlackierten Korridore der Werfelschen Wohnung betrat, in denen es immer irgendwie nach frischem Lack oder anderen Ingredienzien extrem vornehmer Sauberkeit roch, so sagte Franz sofort: Babi erwartet dich – du mußt ihr zuerst guten Tag sagen!« (Haas I, S. 19)

Aus Werfels inniger Zuneigung zu dieser tschechischen, katholischen Magd Babi, die er als Kind oft in die Messe begleitete, läßt sich zum Teil seine Einstellung zum tschechischen Volk und zur katholischen Kirche erklären. Neben dem Tschechentum und dem Katholizismus ist die Musik von nachhaltigem Einfluß auf Werfel gewesen. Denn die Familie Werfel fehlte nie bei den Prager Festspielen im Mai, den ›Stagione‹, die Angelo Neumann, Werfels erster Lehrmeister (so Haas) leitete und bei denen die berühmtesten Opernsänger des angehenden 20. Jhs., wie Enrico Caruso, Mattia Battistini, Luisa Tetrazzini u. a. mitwirkten. So wurde Franz Werfel schon als Kind mit italienischen Opern vertraut, und Verdis Opern im besonderen wurden ihm zum Lebenselement.

1896 trat Werfel in die Piaristenschule in der Herrengasse ein. Einige Jahre vorher hatte René Maria Rilke diese Volksschule besucht, die, wie Peter Demetz bemerkt, »für die Söhne bürgerlicher Familien en vogue war« (S. 33). Die meisten Kinder in dieser Klosterschule stammten aus jüdischen Häusern. Niemand nahm Anstoß daran, daß tschechische katholische Geistliche jüdische Kinder in deutscher Sprache unterrichteten. Es war eine für das damalige Prag typische Situation. In Werfels Gedicht »Erster Schultag« spiegelt sich seine Schulzeit bei den Piaristen wieder. Das stolze Österreich, von dem in diesem Gedicht die Rede ist, sollte freilich nicht mehr lange bestehen. Als am 28. Juni 1914 die Schüsse in Sarajewo fielen, die den Thronfolger Erzherzog Franz Ferdinand und die ihm in morganatischer Ehe vermählte, aus einem böhmischen Geschlecht stammende Gräfin Sophie Chotek töteten, war das Schicksal der Donaumonarchie besiegelt. Doch die Erfahrung, als Untertan Seiner Apostolischen Majestät Kaiser Franz Josephs aufgewachsen zu sein, hinterließ Spuren bei Werfel, die weder Revolution noch Exil tilgen konnten und ohne die manche seiner Werke, wie z. B. die Novellen »Der Tod des Kleinbürgers« und »Das Trauerhaus« nicht denkbar sind – Erfahrung nicht im Sinne eines bloßen Lokalkolorits, sondern als ein Durchdrungensein von Prag und von Böhmen. Wie für Joseph Roth war auch für Werfel die alte Monarchie gleichsam ein Erlebnis, eine Lebenserfahrung, nicht eine intellektuelle Erfahrung.

Werfels erste dichterische Versuche fallen in sein 14. Lebensjahr. Viele der frühen Gedichte sind jedoch verschollen. Unauffindbar bleiben auch ein graezisierendes Drama »Aphrodite«, ein dramatisches Fragment »Barseba«, eine Komödie über Gymnasialprofessoren »Klassische Philister« und Novellen aus dem Jahre 1905, »Balthasar Rabenschnabel« und »Oktoberballade«. In Handschrift erhalten ist in UCLA »Die Katze. Erzählung eines Kranken« aus dem Jahre 1906, mit dem Vermerk: »Darf nie veröffentlicht werden.« Willy Haas, der wie Werfel das Stefansgymnasium in Prag besuchte und ihm in lebenslanger Freundschaft verbunden blieb, war der erste, der in Werfel ein echtes dichterisches Talent sah. Er machte den jungen Dichter mit Max Brod bekannt, der damals schon selbst schriftstellerische Erfolge aufzuweisen hatte, und dem rührigen Brod verdankt Werfel die Publikation seines ersten Gedichtes. Brod sandte nämlich ein Konvolut Werfelscher Gedichte an den ebenfalls aus Böhmen stammenden CAMILL HOFFMANN, der das Feuilleton der Wiener ›Zeit‹ redigierte, und dieser veröffentlichte ein übrigens für Werfel nicht typisches Gedicht, »Die Gärten der Stadt Prag«, in der Sonntagsbeilage seines Blattes, der ›Zeit‹ vom 23. Febr. 1908.

Während des folgenden Jahres besuchte Werfel an der Deutschen Universität in Prag juridische und philosophische Vorlesungen, ohne sich für ein Studium entscheiden zu können. Seine literarische Tätigkeit setzte dabei nicht aus. Ein Epos über ein Erlebnis im Pathologischen Institut blieb unvollendet und ist nicht erhalten. Der literarische Niederschlag dieses Eindruckes lebt aber in dem Drama »Bocksgesang« und in dem Roman »Stern der Ungeborenen« weiter. Verschollen ist auch das novellistische Fragment »Niccola Dawcoc« aus dem Jahre 1910. Erhalten sind dagegen das gleichfalls 1910 geschriebene Drama »Der Besuch aus dem Elysium« und eine Reihe von Gedichten, die in den Zyklus »Der Weltfreund« eingegangen sind.

Der Vater Werfels duldete zwar die schriftstellerische Tätigkeit seines Sohnes als eine Art löblicher Beschäftigung für Mußestunden, hielt es aber für seine Pflicht, ihn einem erfolgversprechenden Beruf zuzuführen. Wie einst Heines Vater den jungen Harry zum Onkel Salomon nach Hamburg geschickt hatte, so sandte auch Rudolf Werfel seinen Sohn nach Hamburg, wo er bei einer befreundeten Speditionsfirma, Brasch und Rothenstein, das Handelswesen erlernen sollte. Es wird erzählt (Specht, S. 37; Alma Mahler-Werfel, S. 91), daß Werfel Konnossements (Frachtbriefe im Seegüterverkehr), statt sie zu kontrollieren, in seiner Ratlosigkeit ins WC warf und die Schiffspapiere von der Wasserspülung wegschwemmen ließ. Damit fand seine kaufmännische Laufbahn frühzeitig ein Ende.

Das in der k. u. k. Monarchie obligate Einjährigenjahr absolvierte Werfel bei einem Artillerieregiment auf dem Hradschin in Prag. Während seiner Studenten- und Militärzeit gehörten neben Willy Haas und Max Brod folgende Personen zu seinem engeren Bekanntenkreis: Karl Brand, Oskar Baum, Johannes Urzidil, Rudolf Fuchs, Franz Kafka, Hans und Franz Janowitz, Otto Pick und Ernst Deutsch. Zu KARL BRANDS (Ps. für Karl Müller, 1895–1918) nachgelassenem Werk schrieb Werfel ein »Mai 1921« datiertes Vorwort, »Erinnerung an Karl Brand«. Die Gedichte und Prosastücke Brands wurden von einem anderen Prager Freund, dem am 2. November 1970 in Rom verstorbenen JOHANNES URZIDIL unter dem Titel »Karl Brand. Vermächtnis eines Jünglings« 1920 herausgegeben. OSKAR BAUM (1883–1941) schrieb trotz Blindheit lebensbejahende Romane, Dramen und Essays; er wurde 1941 von den Nazis in Theresienstadt ermordet. RUDOLF FUCHS, der Übersetzer der Balladen des tschechischen Dichters Petr Bezruč, verlor 1942 im verdunkelten London sein Leben. EGON ERWIN KISCH, der sich selbst »der rasende Reporter« nannte, war in allen Prager Bars, Nachtlokalen und Polizeibüros zu Hause. Er schrieb später im mexikanischen Exil ein Erinnerungsbuch »Marktplatz der Sensationen«. Der Ruhm FRANZ KAFKAS überstrahlt heute alle anderen. FELIX WELTSCH wurde als Verfasser philosophischer Schriften bekannt. OTTO PICK machte sich durch Übersetzungen tschechischer Literatur einen Namen. Er starb 1940 in London im Exil. Der begabte Lyriker FRANZ JANOWITZ fiel im November 1917 an der italienischen Front. Sein älterer Bruder HANS, der 1954 in New York starb, wurde vornehmlich durch sein Drehbuch (in Zusammenarbeit mit Carl Mayer) zu dem expressionistischen Film »Das Kabinett des Dr. Caligari« bekannt. Der geniale ERNST DEUTSCH, der erst 1969 in Deutschland starb, war als Schauspieler ein hervorragender Interpret vieler Werfelscher Dramen. Sitz dieser literarischen Tafelrunde war das Café »Arco«, wo Werfel hin und wieder seine Gedichte vortrug. Diese »Arco«-Runde bedeutete für den jungen Werfel Anregung und Kritik.

Seit fast tausend Jahren lebten in Prag Tschechen und Nicht-Tschechen nebeneinander. In Werfels Jugend bestand die Bevölkerung zu ungefähr 90 % aus Tschechen, zu 6 % aus Deutschen und zu 4 % aus Kroaten, Ungarn sowie Angehörigen anderer Nationalitäten. Die meisten der Prager Juden sprachen auch unter sich deutsch, mehr noch, sie waren bereits so sehr assimiliert, daß sie sich als Vertreter, Förderer und Stützen der deutschen Kultur fühlten. Die gesamte deutschsprechende Bevölkerung Prags lebte sozusagen in einer geistigen Enklave inmitten der tschechischen Mehrheit. Politisch standen die Juden auf Seiten der österreichischen Monarchie.

Kaiser Franz Joseph I. duldete keinen Antisemitismus am Wiener Hof. »Nun, wenn man auch nicht sagen kann, Kaiser Franz Joseph hätte die Juden geradezu geliebt, ganz gewiß ist es, daß er die Antisemiten verachtete« – so Joseph Roth (in: ›Österreichische Post‹, Paris, 1. Juli 1939). Als Kaiser Karl I. 1916 Franz Joseph auf den Thron folgte, war einer seiner ersten Regierungsakte die Begnadigung und Freilassung des wegen angeblichen Ritualmordes verurteilten jüdischen Schusters Leopold Hilsner.

Seit dem frühen Mittelalter war Prag ein Zentrum deutsch-jüdischer Kultur, ein historisches Kontinuum, das erst mit dem Jahr 1939 sein Ende fand. Doch da die Juden Prags sich als Deutsche fühlten, waren sie bei den Tschechen als ›Herrenvolk‹ verhaßt. Denn mit dem industriellen Aufschwung und der fortschreitenden Entwicklung Prags zu einer modernen Großstadt ging Hand in Hand eine nationale Emanzipation des tschechischen Volkes, das entschlossen war, die deutsche Oberherrschaft abzuschütteln. Die Spannung zwischen den Nationen entlud sich vor allem in Prag, wo selbst Straßenkämpfe nichts Ungewöhnliches waren. Auf deutscher Seite waren es freilich nicht die Bewohner Prags selbst, die solche Ausschreitungen provozierten, sondern die Sudetendeutschen, die als Studenten scharenweise an die Deutsche Universität in Prag zogen und deren Antisemitismus und Antikatholizismus (»Los von Rom«) zu der Symbiose von deutsch-jüdischer Kultur, wie sie in Prag bestand, in krassem Gegensatz stand.

In dieser explosiven Atmosphäre, in dieser sprachlichen und sozialen Isoliertheit entstand nun eine deutschsprachige Literatur, die heute als historisches Phänomen betrachtet werden muß. Auch das Prager Deutsch hört man nun nicht mehr in den Straßen, Wohnungen und Theatern der Stadt. Dieses Deutsch wurde von einem seiner letzten Repräsentanten, Johannes Urzidil, beschrieben als »das viel belästerte Prager Deutsch, das Hochdeutsch der kaiserlichen Kanzlei Karls IV., das sein großer Kanzler Johannes von Neumarkt zur Schriftsprache erhoben hatte, dialektfrei, klar geschliffen und von diamantener Unbestechlichkeit, in seinen letzten dichterischen Denkmälern die Fragwürdigkeiten der Zeit überdauernd als das Deutsch der »Sonette an Orpheus«, das Deutsch von »Prozeß« und »Schloß«, von »Weltfreund« und »Einander«, von »Tycho« und »Reubeni« (Urzidil I, S. 29).

Die Dichter, von denen Urzidil spricht – Rilke, Kafka, Werfel und Brod – gehören zu den bekanntesten der Prager Schule. In ihrer Weltanschauung wie in ihrem Werk zeigte sich eine völlig neue Haltung und Orientierung gegenüber den Tschechen. Im Gegensatz zur vorherrschenden, fast militanten Aggression von seiten der Mehrheit der deutschen Bevölkerung versuchten diese Dichter den Tschechen freundschaftlich nahezukommen. Sah der frühe Rilke die Tschechen noch als ein liebenswertes, wenngleich naives Volk an (vgl. Demetz, S. 139 ff.), so ist bei den Jüngeren, d. h. bei Kafka, Werfel und Brod davon nicht mehr die Rede. Die Gründe für diesen radikalen Umschwung sind persönlicher und weltanschaulicher Natur. Die persönlichen Gründe lassen sich bis auf die Kindheit zurück verfolgen, wo in der Kinderstube dieser Dichter ein tschechisches Kindermädchen einflußreich waltete (vgl. »Barbara oder die Frömmigkeit«). Als heranwachsende junge Juden sympathisierten sie mit den Tschechen, deren Lage vor 1918, also vor der Gründung des tschechischen Staates, ihrer eigenen Situation ähnlich war. Von vielleicht noch größerer Bedeutung als diese persönlichen Gründe war die ostentative Abkehr von der Welt der Väter. Daß die Zuneigung zu den Tschechen nicht einer literarischen Tradition entstammte, erweist schon die Tatsache, daß – abgesehen von Ausnahmen – in der tschechischen Literatur der Jude nur als stereotype Gestalt vorkommt, als Wucherer und Schnapshändler, der es im Auftrag der deutschen Machthaber darauf abgesehen hat, das gute tschechische Volk ins Unglück zu stürzen. Der Antisemitismus in der tschechischen Literatur ist stark nationalistisch gefärbt; er setzt deutsch mit jüdisch gleich und das mit Recht, da die Juden in den alten Ländern der böhmischen Krone meist österreichische Patrioten waren.

1911 erschien Werfels erster Gedichtband »Der Weltfreund« bei Axel Juncker in Berlin, der auch Rilkes erster Verleger war. Werfels frühe Gedichte mit den langen Verszeilen und dem sich langsam entfaltenden Rhythmus veranlaßten die Zeitgenossen, auf die Verwandtschaft dieser Verse mit Walt Whitmans »Leaves of Grass« (»Grashalme«) hinzuweisen. Werfel selbst spricht in seinem Aufsatz »Thanks« (Decision, NY, I, Jan. 1941, S. 42–43) von dem ungeheuren Eindruck, den Whitman auf ihn machte, als er mit 17 oder 18 Jahren zum erstenmal diesen »Mississippi der Poesie« las. Ob man aber von einem Einfluß Whitmans auf Werfel sprechen darf, ist dennoch fraglich. Denn im Unterschied zu dem pantheistischen Jugendstil Whitmans und auch Dehmels entwickelte Werfel eine eigene Theologie, der zufolge die Weltschöpfung selbst schon Sünde ist.

Die Vereinzelung des Menschen an sich ist bereits eine Schuld, von der er sich nur durch Mitleid, Mitfühlen, brüderliche Liebe befreien kann, wobei sich diese Emotionen nicht auf eine idealisierte, abstrakte ›Menschheit‹ beziehen, sondern sehr spezifisch auf Neger, Akrobaten und ähnlich sozial und kulturell Deklassierte. Zu Werfels umfangreicher Lektüre jener Jahre gehörte bevorzugt die Lyrik Rilkes, Dehmels, Hofmannsthals und Georges; einen Großteil dieser Gedichte beherrschte er sogar auswendig. Wahrscheinlich hat Werfel auch Kierkegaard gelesen, dessen Schriften 1910 deutsch bei Eugen Diederichs erschienen, ferner Pascals »Pensées« und den von Max Brod so geschätzten frz. Symbolisten Jules Laforgue (1860–1887).

Noch ehe der Zyklus »Der Weltfreund« gedruckt war, brachten in der Ausgabe vom 8. April 1911 die von Willy Haas, Norbert Eisler und Otto Pick herausgegebenen kurzlebigen ›Herder-Blätter‹ einzelne Gedichte von Werfel: »Der alte Weltfreund«, »An den Leser in der Nacht«. In der ›Fackel‹, Karl Kraus' berühmtem und gefürchtetem Blatt, erschienen in Nr. 321/22 XIII vom 29. April 1911: »Die vielen Dinge«, »Kindersonntagsausflug«, »Der schöne strahlende Mensch«; in Nr. 326/27/28 XIII vom 8. Juli 1911: »Nächtliche Kahnfahrt«; in Nr. 339/40 XIII vom 30. Dez. 1911: »Armer Student, süße vornehme Frauen anbetend«, »Junge Bettlerin an der Krücke«, »Wanderlied«, »Des Menschen Bett«, »An den Leser in der Nacht«. In dieser Nummer steht auch die öfter zitierte Bemerkung: »In wessen Liede die Welt so liebenswert erscheint, der schafft dem Weltfeind eine frohe Stunde.« Wir wissen, daß der »Weltfeind« sehr bald seine Meinung über Werfel änderte und dem Weltfreund viele unfrohe Stunden und Ärger bescherte.

Der außerordentliche Erfolg, der dem Band »Der Weltfreund« zuteil wurde, war dem fast gleichzeitig (1910) entstandenen lyrischen Drama »Der Besuch aus dem Elysium« nicht beschieden. Das kleine Stück weist biographische Züge auf: in Hedwig darf man die junge Pragerin Marianne Glaser, verehelichte Bondy, sehen, an die wohl auch manche Liebesgedichte im »Weltfreund« gerichtet sind. Die Erinnerung an diese jung Verstorbene taucht sogar in späteren Werken noch auf (im »Abiturientag«, im »Stern der Ungeborenen«). Das Motiv des Revenants scheint nicht weiter verwunderlich bei einem Dichter, der in der mystischen Stadt Prag aufgewachsen ist, in der Alchimisten und der Golem durch die engen Straßen geistern. In seiner Studentenzeit nahm Werfel oft an spiritistischen

Séancen teil, gemeinsam mit Kafka, Brod, Weltsch, Paul Kornfeld und Ernst Popper.

Das Jahr 1912 war das letzte, das Werfel in seiner Heimatstadt Prag verbrachte. Rückblickend beschreibt er das geistige Klima dieser Zeit:

»1912, in meinem zweiundzwanzigsten Lebensjahr, habe ich Prag endgültig verlassen. Es war damals ein halb noch unbewußter Rettungsversuch. Mein Lebensinstinkt wehrte sich gegen Prag. Für den Nichttschechen, so scheint es mir, hat diese Stadt keine Wirklichkeit, sie ist ihm ein Tagtraum, der kein Erlebnis gibt, ein lähmendes Ghetto, ohne auch nur die armen Beziehungen des Ghettos zu haben, eine dumpfe Welt, aus der keine oder falsche Aktivität kommt. Prag kann man nur als einen Drogenrausch, als eine Fata Morgana des Lebens ertragen, und das ist der Grund, warum so viele Künstler nicht geflohen sind. Der deutsche Prager, der zur Zeit fortging, ist schnell und radikal expatriiert, und doch liebt er seine Heimat, deren Leben ihm wie ein ferner Wahn vorkommt; er liebt sie mit einer mysteriösen Liebe. Für die gesunde, einfach-kräftige Rasse, die jetzt Herr im Lande ist, bedeutet Prag Leben, Hauptstadt, Kultur, Kulmination – das Geheimnis der Stadt versteht der Heimatlose in der Fremde besser« (PT, 3. Juni 1922, S. 6).

Literatur zur Prager Zeit:

OTTO PICK: Erinnerungen an den Winter 1911/12. In: Die Aktion VI (1916), Sp. 605. Dass. In: Expressionismus. Aufzeichnungen und Erinnerungen der Zeitgenossen, 1965, hrsg. v. Paul Raabe. S. 66–67.

DERS.: F. W. In: Das jüdische Prag, 1917, S. 40.

WILLY HAAS: W.s erster Lehrmeister. In: Die literarische Welt IV, Nr. 26 (29. Juni 1928), S. 137–138.

DERS.: Der junge F. W. und seine Umwelt. In: Welt am Sonntag, 10. Sept. 1950 (Im wesentlichen identisch mit Haas I, S. 9–11).

DERS.: Um 1910 in Prag. Aus Jugendtagen mit W., Kafka, Brod und Hofmannsthal. In: Forum (Wien) IV, Nr. 42, (Juni 1957), S. 223–226.

DERS.: Haas I, S. 9–39 passim.

BRASELMANN, S. 8–13.

HEINZ POLITZER: Prague and the Origins of Rainer Maria Rilke, Franz Kafka and F. W. In: MLQ, XVI, Nr. 1 (March 1955), S. 49–62.

FRITZ BONDY schreibt unter dem Pseudonym N. O. SCARPI: Ein Röllchen Ewigkeit und anderes Vergängliche, 1958, S. 51–54.

BROD I, S. 9–81 passim.

LORE BARBARA FOLTIN: Prague – Background to F. W.s Work. 1961, in: Foltin I, S. 8–18.

HANS DEMETZ: Meine persönlichen Beziehungen und Erinnerungen an den Prager deutschen Dichterkreis. In: Weltfreunde, S. 135–145.

DERS.: Der Prager Dichterkreis oder die Arco-Nauten, Tiroler Tageszeitung, 6. Febr. 1971, S. 17.

JOHANNES URZIDIL: Der Weltfreund. Erinnerungen an F. W. In: Das Silberboot II, Nr. 6 (Aug. 1946), S. 45–50. DERS.: Väterliches aus Prag und Handwerkliches aus New York, 1969, S. 26, 67. DERS.: Recalling F. W., the World's Friend. In: Central Europe Journal XVIII, Nr. 9 (Sept. 1970), S. 325–328.

Literatur zum Prager Deutsch:

FRITZ MAUTHNER: Prager Jugendjahre. Erinnerungen. Neudruck ›Im Fischernetz‹, 1969 (erschien erstmals 1918), S. 47–51. – HAAS I, S. 10. – KLAUS WAGENBACH: Franz Kafka. Eine Biographie seiner Jugend, 1958, S. 65–96 u. passim. – DERS.: Franz Kafka in Selbstzeugnissen und Bilddokumenten, 1966, S. 56 u. passim (= Rowohlts Monographien Nr. 91). – KLAUS HERMSDORF: Franz Kafka, 1961, S. 135. – DERS.: W.s und Kafkas Verhältnis zur tschechischen Literatur. In: Germanistica Pragensia III (1964), S. 39–47. – PAVEL TROST: Das späte Prager Deutsch. In: Germanistica Pragensia II (1962), S. 31–39. – EMIL SKÁLA: Das Prager Deutsch. In: Weltfreunde, S. 119–125. (Enthält weitere bibliographische Hinweise.)

Literatur zum Prager Deutschtum (Beziehungen zwischen Deutschen, Tschechen, Juden in Prag):

EGON ERWIN KISCH: Deutsche und Tschechen. In: Marktplatz der Sensation, 1942, ²1949, S. 67–75. – DEMETZ, S. 106 ff. – HERBERT CYSARZ: Prag im deutschen Geistesleben, 1961, S. 47–86. – WILLY HAAS: Vor hunderttausend Jahren. In: Merian XIV, Nr. 12 (1961). S. 38–40. – DERS.: Die Entstehung der Herder-Blätter. In: Herder-Blätter Faks., S. v–vii. – PAUL REIMANN: Von Herder bis Kisch, 1961, S. 117 u. passim. – JOHANNES URZIDIL: Im Prag des Expressionismus. In: Imprimatur, Jahrbuch für Bücherfreunde NF III (1961/62). – Dass. in: Da geht Kafka, 1965, S. 5–13. – DERS.: Prag als geistiger Ausgangspunkt. Ansprache zum 80sten Geburtstage von Erich von Kahler, Gehalten im Leo Baeck Institut, New York am 21sten Oktober 1965. Sonderdruck. – DERS.: Der lebendige Anteil des jüdischen Prag an der neueren deutschen Literatur. In: BBI X, Nr. 40 (1967), S. 276–297. – KURT KROLOP: Ein Manifest der ›Prager Schule‹. In: Germanistica Pragensia XLVI (1964), S. 329–336. (Enthält Neudruck von W.s »Glosse zu einer Wedekindfeier«, ursprünglich PT, Nr. 105, 18. April 1914). – DERS.: Hinweis auf eine verschollene Rundfrage: ›Warum haben Sie Prag verlassen?‹ In: Germanistica Pragensia IV (1966), S. 47–64. – HANS TRAMER: Prague – City of Three Peoples. In: Year Book of the Leo Baeck Institute IX (1964), S. 305–339. – BROD II, S. 59–73 u. passim. – WELTFREUNDE: man vgl. besonders die Beiträge von EDUARD GOLDSTÜCKER: Die Prager deutsche Literatur als historisches Phänomen, S. 21–45; und MANFRED JÄHNICHEN, Die Prager deutschen Dichter als Mittler tschechischer Literatur vor und während des I. Weltkriegs, S. 155–170. – THE JEWS OF CZECHO-

SLOVAKIA, Philadelphia, 1968 (darin besonders Harry Zohns Kapitel ›Participation in German Literature‹ mit Abschnitt über F. W., S. 490–494). – JOSEPH WECHSBERG: Prague. The Mystical City (NY) 1971.

Der Weltfreund

Hs.: SNM Marbach (39 SS.).
Entst.: 1906–1910.
Erstdruck: Der Weltfreund. Gedichte. Berlin: Axel Juncker 1911, 116 SS. – 2. Aufl. Leipzig: Kurt Wolff 1912. [4]1920 (= 9.–13. Tsd.).
Heute: LW

Rezensionen: OTTO PICK: D. Wf. In: BT, Nr. 25, 15. Jan. 1912, Beil. Der Zeitgeist, S. 2–3. – KURT HILLER: Monolog um F. W. In: Pan II, Nr. 37 (1. Aug. 1912), S. 1043–1045. – PAUL FRIEDRICH: Neue Lyrik. In: Xenien V (Aug. 1912), S. 476–480. – BERTHOLD VIERTEL: F. W. »D. Wf.« In: Der Strom II, Nr. 25 (Aug. 1912), S. 158–159. – FERDINAND GREGORI: Lyrik. In: Österreichische Runds. XXXIII (Okt./Dez. 1912), S. 153–154. – FELIX STÖSSINGER: D. Wf. In: NR XXIII, Nr. 12 (Dez. 1912), S. 1778–1780. – JULIUS KÜHN: Lyrik u. Technik. In: ZfdU XXX, Nr. 12 (15. Dez. 1916), S. 705 f. – ERNST BLASS: Gedanken über den liebenden Geist u. F. W. In: Das junge Deutschland I, Nr. 5 (1918), S. 159–161. – ARNOLD, S. 19–30 u. passim.

Interpretationen einzelner Gedichte: JOACHIM KRÖLL: Die Herausforderung zur Liebe. In: Blätter f. den Deutschlehrer VIII, Nr. 1 (1964), S. 1–9 (»An den Leser«). – JOHANNES PFEIFFER: Umgang mit Dichtung. [2]1962, S. 42–45 (»Ich habe eine gute Tat getan«).

Der Besuch aus dem Elysium

Hs.: SNM Marbach (Druckbogen mit Korr., 12 Bl.), UCLA (Teilms., 6 SS.).
Entst.: 1910.
Urauff.: 9. Juni 1918 im Deutschen Theater, Berlin.
Erstdrucke: Herder-Blätter Nr. 3 (Mai 1912), ohne den Prolog »Die Unverlassene«, der gesondert in Nr. 4/5 (Okt. 1912), S. 34, erschien. Buchausgabe: Sonderdruck der ›Weißen Blätter‹. München: Kurt Wolff 1920.
Heute: Dr I.

Rezensionen: SIEGFRIED JACOBSOHN: Reinhardts Bilanz. In: Das Jahr der Bühne VII (1917/18, S. 186–187. – HANS KNUDSEN: Urauff. in Berlin. F. W. »D. B. a. d. E.«. In: Die schöne Literatur XIX, Nr. 13 (22. Juni 1918), Sp. 135. – MAX MEYERFELD: Echo der Bühnen. »D. B. a. d. E.« v. F. W. In: Das lit. Echo XX, Nr. 19 (1. Juli 1918), Sp. 1163–1164. – RICHARD ELSNER: Von den dt. Bühnen. Berlin. In: Das Dt. Drama I, Nr. 3 (1. Juli 1918), S. 246. Luther, S. 12–14.

ADOLF D. KLARMANN: Zu W.s »B. a. d. E.«. In: Herder-Blätter. Faks., S. ix–xii. – LEA I, S. 3–6, 132–133.

Im Herbst des Jahres 1912 ging Werfel nach Leipzig, wo er bei dem neugegründeten Kurt Wolff-Verlag eine Anstellung als Lektor fand. Er mußte sich bei dieser Tätigkeit nicht überarbeiten. KURT WOLFF machte es ihm leicht, in der berechtigten Hoffnung, der Dichter Werfel werde dem Verlag mehr Ehre und Geld einbringen als der Lektor. Tatsächlich war Werfel in seiner Leipziger Zeit (1912–1914) ungemein produktiv. In rascher Folge schrieb er »Die Versuchung« (1913 erschienen), »Wir sind« (ebenfalls 1913 erschienen), »Einander« (1915), »Die Troerinnen« (die Bearbeitung von Euripides' Stück erschien 1915, die Uraufführung fand am 22. April 1916 im Berliner Lessing-Theater statt). Da Werfel, abgesehen von dem erfolglosen Dramolett »Der Besuch aus dem Elysium« bisher nur mit Lyrik hervorgetreten war, hielt er sich stofflich in diesem eigentlich ersten dramatischen Werk eng an seine griechische Vorlage, um sein eigenes Talent anhand des schon Geformten zu schulen und zu steigern. Die »Troerinnen« des Euripides kamen seiner lyrischen Begabung entgegen, weil sie wenig äußere Handlung enthalten, dagegen in Klage, Anklage, Bekenntnis, Aufschrei, Ekstase und Raserei extreme Gemütszustände zum Ausdruck bringen. Aber nicht nur solche, im Persönlichen beheimatete Gründe trieben den jungen Dichter zur Neugestaltung des griechischen Kunstwerkes. Ein für neue politische Töne hellhörig gewordenes Ohr und eine künstlerische Sensibilität für die sich verdüsternde Atmosphäre Europas vor dem 1. Weltkrieg ließen ihn die Tragödie von Troja als aktuell empfinden und auch deshalb eindringlich gestalten. Die Erschütterung, die das Werk bei seiner Aufführung nach dem 1. und 2. Weltkrieg auslöste, zeugt von der Zeitlosigkeit eines Stoffes, an dem sich die Wiederkehr menschlicher Katastrophen und die Würde menschlicher Haltung im Leid zeigen lassen. Die Wahl des Stoffes war für Werfel, den Expressionisten, umso naheliegender, als Euripides der ›modernste‹ der griechischen Tragiker ist, der sowohl in seiner Sozialkritik als auch in seiner Irrationalität expressionistischen Tendenzen sicherlich näher steht als Aischylos und Sophokles. Überspitzt ließe sich sagen, daß Euripides sogar die moderne Illusionsbühne vorweggenommen hat. Auch das machte ihn für Werfel anziehend, nicht nur das Infragestellen akzeptierter Werte, nicht nur das explosive Thema des Krieges und seiner Folgen. Übrigens hat man irrtümlicherweise angenommen, die kriegsfeindliche Haltung des Dramas sei durch den 1. Weltkrieg bedingt. Als der Krieg ausbrach, waren »Die Troerinnen« aber im großen und ganzen schon fertig geschrieben.

Für die Aufführung am Burgtheater in Wien, die am 20. Mai 1920 stattfand, änderte Werfel den ursprünglichen Prolog (in der Form eines Zwiegespräches zwischen Poseidon und Athene). In der neuen Fassung treten sie als »der Gott« und die »Gegengöttin« auf. Zusätzlich erhielt die Helena-Szene einen neuen Schluß. Der ehrwürdigen Hekuba erwuchs in der sophistischen Verstellungskünstlerin Helena, die nur Egoismus, aber keine Moral und Würde kennt, die Gegenspielerin. Werfel arbeitete die Hekuba schärfer heraus und vergrößerte ihre Rolle auch umfangmäßig auf Kosten des Chors. Indem er dabei die Gestalt der Hekuba ins Christlich-Humane umdeutet und sie zu einer antiken Mater dolorosa macht, entfernt er sich vom griechischen Original und drückt dem Stück den Stempel eigener Dichtung auf.

Bald nach seiner Ankunft in Leipzig schrieb Werfel die Novelle »Die Stagione«, die nur als Fragment erhalten ist. Die Handschrift wurde 1963 in einem Prager Antiquariat gefunden und mit einem interpretierenden Essay von Eduard Goldstücker 1966 zum ersten Male in ›Germanistica Pragensia‹ veröffentlicht.

In Leipzig wohnte Werfel in der Haydnstraße 4 in einem verhältnismäßig einfachen Quartier, zusammen mit Walter Hasenclever und seinem Prager Schulfreund Willy Haas, die ebenfalls Lektoren bei Kurt Wolff waren. Ihrem gemeinsamen Sekretär namens Weißenstein, einem Original, dessen Hauptaufgabe es war, die Herren Langschläfer zu wecken, sind mehrere literarische Porträts gewidmet. Während dieser Zeit besuchte Werfel öfters seine Familie und Freunde in Prag, wo er auch gelegentlich aus seinen Werken öffentlich vorlas, so z.B. am 2. April 1914. Werfels schöne Rezitationsstimme und sein leidenschaftlich beseelter Vortrag wurden in der Presse und von seinen Freunden immer wieder hervorgehoben. Auch in Deutschland hielt er Vorlesungen: am 25. November 1913 in Heidelberg, am 4. und 6. Dezember 1913 und am 20. Februar 1914 in Berlin. Für den Kurt Wolff Verlag gab er zusammen mit WALTER HASENCLEVER und KURT PINTHUS die Buchreihe ›Der jüngste Tag‹ heraus, ein Unternehmen, das ihn mit Stolz erfüllte (Brief vom 24. April 1913 an Kurt Wolff). Den Namen verdankte die Reihe dem Zeilenanfang »O jüngster Tag« von Werfels dramatischem Gedicht »Das Opfer«. Die Bücherei ›Der jüngste Tag‹ wurde im Mai 1913 mit Werfels »Die Versuchung. Ein Gespräch des Dichters mit dem Erzengel und Luzifer« eröffnet. Das Gespräch, an einem Manövertag 1912 geschrieben, trägt die Widmung »Dem Andenken Giuseppe Verdis«. – Aus dem Kreis jugendlicher Bohemiens, der sich in Wilhelms Weinstuben zusammenfand, stand, neben Haas und Hasenclever, besonders KURT PINTHUS Werfel nahe.

In die Leipziger Zeit fällt auch Werfels erste Begegnung mit seinem Landsmann RILKE. Die persönliche Bekanntschaft wurde von Briefen eingeleitet, wobei es nicht ohne Bedeutung ist, daß der ältere und berühmtere Rilke die Initiative zu dieser Korrespondenz ergriff. Daß uns Rilkes vier Briefe an Werfel überhaupt erhalten sind, verdanken wir einem tschechischen Arbeiter namens Václav Pokorny, der sie von einem Misthaufen rettete, auf den die Nazis sie bei der Plünderung der Werfelschen Wohnung in Prag geworfen hatten. Rilkes erster Brief stammt vom 14. August 1913. Er bezeichnete sich darin als »verworren in den Gott, der's mit einem versuchte« und als den »längst Erwachsenen«. Goldstücker meint, so geehrt sich Werfel fühlte, einen Brief des Meisters zu erhalten, der mit erlesenen Worten »Wir sind« lobte, so wenig hätte er sich selbst als Nachfolger Rilkes empfunden. Da wir den Text von Werfels postwendender Antwort kennen – sie trägt den Stempel 15. VIII. 1913 und befindet sich in Philadelphia –, haben wir eine verläßlichere Basis für eine solche Behauptung als Goldstücker, dem nur Rilkes, nicht aber Werfels Briefe zur Verfügung standen. Aus Werfels Antwort geht hervor, daß er eine allgemeine, wenn auch vage Verwandtschaft mit Rilke erblickte: »[. . .] jetzt aber ahne ich, daß wir im Schoße Gottes gar nicht so weit auseinander sind und weiß gar nicht, was ich vor Verlegenheit und Liebe tun soll.« Schon am 21. August 1913 wandte sich Rilke zum zweiten Mal an Werfel und schlug ein persönliches Treffen in Leipzig vor. Die Antwort Werfels vom 28. August 1913 geht nicht auf Rilkes Frage ein, ob er im Oktober in Leipzig sein werde. Er dankte Rilke für seine Anerkennung, die ihn »maßlos glücklich« macht. Erst in diesem Brief bezieht er sich auf den Wortlaut von Rilkes erstem Schreiben. Er gesteht, daß er an seine eigenen Gedichte oft mit einem unangenehmen Gefühl denke, ähnlich einer Unwahrheit, die man einmal gesagt habe. »Daß Sie sich ihnen [den Gedichten] zuneigen, tröstet mich in einem alten Glauben, den Sie in Ihrem ersten Brief ausgesprochen haben: ›Daß es der Gott mit einem versucht‹.« Rilkes nächster Brief, den Goldstücker auf den 18. September oder kurz darauf datiert, teilt seine Absicht mit, der Première von Claudels »Die Verkündigung« am 5. Oktober in Hellerau beizuwohnen. Rilke hoffte, bei dieser Gelegenheit den jungen Werfel kennenzulernen. Tatsächlich fand an diesem Abend die erste Zusammenkunft der beiden statt. Nach der Theatervorstellung begab sich eine größere Gesellschaft ins Palast-Hotel in Dresden. Anwesend waren Rilke, Werfel, Rilkes Verleger Kippenberg, Helene von Nostitz, Lou Andreas-Salomé, Jakob Hegner, Rudolf Binding, das Ehepaar van de Velde, K. E. Osthaus und Franz Blei.

In den folgenden Tagen trafen sich Rilke und Werfel noch mehrmals; zeitweilig waren sie zu zweit, manchmal waren Lou Andreas-Salomé oder die Baronin Sidonie Nádherný dabei. Wie die Baronin Nádherný über Werfel dachte, wissen wir aus Rilkes Brief an seine mütterliche Freundin, die Fürstin Marie von Thurn und Taxis. Dort heißt es: »[...] ›ein Judenbub‹, sagte Sidie Nádherný (die von Janowitz herübergekommen war, ganz erschrocken) [...]« (Rilke u. von Thurn und Taxis, Briefwechsel, S. 323–324.)

Die Tatsache, daß die Baronin Nádherný Rilke gegenüber so offenkundig ihrem Antisemitismus Raum gab, gehört in einen anderen Zusammenhang. Aufschlußreich für uns ist, daß dieses Wort den ungünstigen Eindruck wiedergibt, den der Mensch Werfel auf Rilke machte. Nur so ist es zu erklären, daß der gar nicht antisemitische Rilke die Beleidigung eines Dichters, der den »Weltfreund« und »Wir sind« verfaßt hatte, ohne Widerspruch hinnahm. Mit der Bezeichnung »ein Judenbub« hatte die Baronin ein Werturteil gefällt, das all die unangenehmen Eigenschaften zusammenfaßte, die in herkömmlichen Vorurteilen dieser Zeit und solcher Kreise über die Juden vorkamen, insbesondere das Freche, Laute und Vorlaute. Rilkes Enttäuschung über die Person Werfels – der nicht gesonnen war, sich in die Rolle des Jüngers zu fügen – kommt u. a. in einem Brief an Hugo von Hofmannsthal zum Ausdruck: »[...] nur daß an alledem, letzthin, doch eine feine Fremdheit haftete, ein Geruch wie von anderer Gattung, etwas Unüberwindliches.« (Rilke, Briefe 1907–1914, S. 303–304.) Das Schlüsselwort ist hier »Fremdheit«, und es ist bemerkenswert, daß Werfel Rilke mit dem gleichen Wort beschreibt: »Seine Sphäre hatte etwas Fremdes für mich, etwas Saftlos-Verfeinertes, das mich anstrengte und müde machte.« (»Begegnungen mit Rilke«, S. 140.) Tatsächlich war Rilkes Adelssnobismus für Werfel, der mit den Tschechen sympathisierte, die nach 1918 alle Adelsprädikate abschafften, etwas »Fremdes«.

Rilkes nächster und letzter Brief an Werfel vom 1. Februar 1914 (aus Paris) drückt dagegen wieder die uneingeschränkte

Bewunderung für die Kunst des Jüngeren aus. Werfel dankte Rilke aus Prag am 2. März 1914 (Datum des Poststempels). Ihr Verhältnis und ihre Einstellung zueinander blieb freilich auf die anfängliche gegenseitige Schätzung ihrer Werke beschränkt, die jedoch immer wieder durch die Unmöglichkeit, sich menschlich nahezukommen, getrübt wurde.

Als im Juli 1914 die Mobilisierung angeordnet wurde, mußte Werfel Leipzig verlassen und wieder zum Militär einrücken. Schon während der ersten Monate verfaßte er Anti-Kriegsgedichte (»Der Krieg«, »Die Wortemacher des Krieges«, »Revolutionsaufruf«) sowie einen satirischen Sketsch mit dem Titel »Der Ulan«. Seinen ersten Urlaub, der am 12. Januar 1915 begann, verbrachte er zum größten Teil in Prag, von wo aus er kurze Abstecher nach Leipzig und Berlin unternahm. In Leipzig besuchte er den Kurt Wolff-Verlag; nach Berlin reiste er, um am 1. März 1915 einen Vortrag zu halten (im Rahmen der Abende für Literatur und Geistespolitik bei Rose Thesing). Im übrigen arbeitete er an seinem nächsten Gedichtband »Einander«, der im März druckfertig sein sollte. Im gleichen Jahr entstand auch »Cabrinowitsch«, in der Handschrift »Eine Erzählung. Aus einem Tagebuch aus dem Jahre 1915« betitelt (publiziert 1923 in ›Die neue Rundschau‹). Cabrinowitsch war einer der Attentäter, die das österreichische Thronfolgerpaar ermordet hatten. Das Fragment »Knabentag«, ein Prosabeispiel für die Kindheitsmotivik, die in Werfels Lyrik eine so wichtige Rolle spielt, entstand ebenfalls 1915, möglicherweise sogar schon 1914.

Als Werfel sich Ende April auf Urlaub in Bozen aufhielt, erlitt er in der Nähe der Stadt, bei Görz, einen Unfall. Während seines Aufenthaltes im Militärspital las er Dantes »Göttliche Komödie« und schrieb das »Bozener Tagebuch« und den »Traum von einer neuen Hölle«. Sobald er sich wieder erholt hatte, wurde er zu seiner alten Truppe, dem Schweren Feldhaubitzenregiment Nr. 19, nach Jezierna bei Tarnopol kommandiert, wo er bei der Telephonzentrale des Regimentes bis zum August 1916 diente, zuerst als Feuerwerker und dann als Zugführer. In Jezierna verfaßte er das 1918 von der Zensur verbotene »Fragment gegen das Männergeschlecht«, welches ihm noch 20 Jahre später wichtig genug erschien, um in ein geplantes, doch nie zustandegekommenes Essaybuch aufgenommen zu werden.

In dieser Zeit wurde er mehrfach in Streitgespräche und Polemiken verwickelt, unter anderem mit MAX BROD, GEORG DAVIDsohn, Kurt Hiller, Karl Kraus, Alfred Kurella und Fritz Mauthner. Den Anstoß zum Streitgespräch mit Kurt Hiller gab die »Vorbemerkung« zu den »Troerinnen«, die Hiller in seinem Artikel »Die unheilige Hekuba« angriff. Wie viele Jahre später Bertold Brecht, so sah damals der Aktivist Hiller das Wundermittel für die Menschheit darin, »Ändernde« zu werden. Werfels Antwort erschien im Januarheft 1917 der ›Neuen Rundschau‹, betitelt »Die christliche Sendung. Offener Brief an Kurt Hiller«. Darin formuliert Werfel seine Absage vom Aktivismus, in dessen Zentrum die Tat stehe, und legt ein Bekenntnis zum Christentum ab, in dessen Mittelpunkt eine Lehre stehe: »Von allen Lehren, die der Welt gesendet wurden, ist die christliche vielleicht die einzige, die das Ich bis ins letzte bejaht«. Ablehnende Antworten auf Werfels »Offenen Brief« ließen nicht lange auf sich warten. Max Brods Aufsatz »Franz Werfels ›Christliche Sendung‹« (in der Zeitschrift ›Der Jude‹) wirft diesem vor, seine Argumente seien unrichtig und in sich widerspruchsvoll und außerdem gar nicht christlich. Werfel kämpfe gar nicht gegen den wirklichen Aktivismus, der nach Brods Ansicht eine universale Vergeistigung anstrebe, die freilich nur auf gesicherter materieller Basis möglich sei. Brods Polemik wurde von dem Religionsphilosophen Gustav Landauer aufgegriffen, der unter dem Titel »Christlich und christlich, jüdisch und jüdisch« Brod zum Vorwurf machte, daß er sich gefährlich einem jüdischen Chauvinismus nähere, indem er das Christentum existentiell, das Judentum aber essentiell auffasse. Dem idealen Judentum stelle er nicht das ideale Christentum gegenüber, sondern die mit menschlichen Schwächen durchsetzte Kirche. Brod ließ es sich nicht nehmen, auf Landauers Kritik, die Rückendeckung für Werfel bedeutete, zu antworten. Keineswegs wolle er dem in idealistischen Tönen gepriesenen Judentum ein verzerrtes Christentum gegenüberstellen. Das Bild des von ihm dargestellten Christentums leite er von so verläßlichen Gewährsmännern wie Paulus, Augustinus und Luther her. – Gustav Landauer wie auch Martin Buber und Max Scheler, die alle Kriegsgegner waren, zählten damals zu Werfels weitläufiger Bekanntschaft; mit diesen soll Werfel auch einen Geheimbund gegen den Militarismus gegründet haben.

Im Jahre 1916 schrieb Werfel die Vorrede zu den von Rudolf Fuchs aus dem Tschechischen übersetzten »Schlesischen Liedern des Petr Bezruč«. Bezruč (= ohne Hand, ein Pseudonym für Vladimir Vašek), dessen sozialrevolutionäre Gedichte im tschechischen Originaltext nicht erhältlich waren, weil die k. u. k.

Zensur die Auflage aufgekauft hatte, wurde in der deutschen Übersetzung, die mitten im 1. Weltkrieg bei Kurt Wolff erschien, nicht nur von Deutschen, sondern auch von Tschechen gelesen. So auch Werfels zündendes Vorwort. Der Dichter Bezruč äußerte sich darüber in einem Brief vom 8. Dezember 1917 an den Publizisten Jan Herben: »Zum andern Male bin ich begeistert von der Vorrede des Franz Werfel. Wie hat dieser Deutsche meine leidenschaftliche Sehnsucht nach Depersonifikation begriffen!« (Zitiert von Otto F. Babler: »Rudolf Fuchs als Bezruč-Übersetzer« in ›Weltfreunde‹, S. 323.) Werfel begriff noch weit mehr. Er sah eine Möglichkeit, seinen Vers »Mein einziger Wunsch ist dir, o Mensch, verwandt zu sein« zu konkretisieren und eine Mittlerrolle zwischen Deutschen und Tschechen zu spielen. So wurde denn Werfels »Vorrede« auch als Demonstration und als Bekenntnis der Solidarität mit den Tschechen aufgefaßt. Werfel schrieb: »Unser Herz fühlt connational mit allen Unterdrückten aller Völker. Unser Geist haßt die Macht- und Selbstbewußtseinsform aller Völker«. Diese Sätze gehen allerdings weit über den Fall Bezruč hinaus. Sie sind bezeichnend für Werfel, der zeitlebens »connational« mit allen Bedrängten und Leidenden fühlte und der Machthunger in jeder Form verabscheute, weil er ihn mit menschlicher Würde unvereinbar fand.

Im Jahre 1916 kam es auch zum endgültigen Bruch zwischen Werfel und KARL KRAUS. Zwar hatte der kompromißlose Herausgeber der ›Fackel‹ schon 1914 in einer allgemein gehaltenen Kritik an den Prager Dichtern vom »Kindheitsvirtuosen« Werfel gesprochen und somit seinen Gesinnungswechsel angedeutet, jedoch begann erst mit der Publikation von »Elysisches. Melancholie an Kurt Wolff« – einer Parodie auf Werfels Gedicht »Vater und Sohn« – eine Kontroverse, die sich über Jahre hinauszog. Zunächst ging es dabei nur um die innere Wahrheit von Werfels Kunst; der Streit artete aber im Laufe der Zeit aus und wurde von Kraus auf eine persönliche Ebene verlagert. Kraus setzte seine Sticheleien bis zu seinem Lebensende (1936) fort, obgleich Werfel längst aufgehört hatte, zu antworten.

Auch mit dem Reichstagsabgeordneten GEORG DAVIDSOHN führte Werfel eine öffentliche Korrespondenz, die aber im Gegensatz zu dem Briefwechsel mit Karl Kraus in freundschaftlichem Ton gehalten war. Wieder gab ein Artikel Werfels – »Substantiv und Verbum. Notiz zu einer Poetik« (›Die Aktion‹, VII, 6. Januar 1917) – den Anstoß. Darin versuchte

Werfel, den Unterschied zwischen der Funktion des Substantivs und des Verbums herauszuarbeiten. In seinem ebenfalls in der ›Aktion‹ abgedruckten »Brief an Franz Werfel« bestritt Davidsohn die Gültigkeit von Werfels Ausführungen, worauf dieser im Februar 1917 eine Replik »Brief an Georg Davidsohn« veröffentlichte. Der Schluß dieses Briefes spricht das Mißtrauen gegen Worte aus, das für Werfels Generation so typisch ist (vgl. Hofmannsthals »Lord Chandos Brief«: »Wenn ich diese Zeilen durchlese, fühle ich wieder in altem Schmerz, wie sehr uns alle das Wort vereinsamt und trennt, und daß alles Zwiegespräch nur ein Selbstgespräch ist, das wir aneinander vorbeiführen.«

Während seines Frontdienstes im Ersten Weltkrieg korrespondierte Werfel mit seiner fünf Jahre älteren Freundin GERTRUD SPIRK (1885–1967), einer Pragerin, die er schon 1912 kennengelernt hatte. Das Gedicht »Die heilige Elisabeth« ist ihr gewidmet. Auch nach dem Abklingen dieser innigen Beziehung blieb Werfel Gertrud Spirk freundschaftlich verbunden. Er wollte ihr sogar nach dem Ende des Zweiten Weltkrieges, knapp vor seinem Tode, bei der Einreise nach Amerika behilflich sein. Die Briefe an Gertrud Spirk befinden sich im Besitz ihrer Hinterbliebenen und sind der Forschung noch nicht zugänglich.

Werfels mythenschaffende Begabung zeigt sich in seinem 1917 in Hodow »knapp vor der Kerenski-Offensive und dem österreichischen Rückzug« (Dr II, S. 516) entstandenen Drama »Stockleinen«, das unvollendet blieb. Es befaßt sich mit dem Kampf zwischen Eros und Logos, Chaos und Kosmos, welche in für Werfels Frühwerk charakteristischer Weise als Ausdruck der männlich-weiblichen Polarität aufgefaßt werden. In dem Dramenfragment ist bereits eine Technik im Ansatz ersichtlich, die Werfel in späteren Werken beibehalten und vervollkommt hat, nämlich die Veranschaulichung einer Idee durch antithetische Figuren, durch Spieler und Gegenspieler. Stockleinen verkörpert »das Abstrakte«, das bei Werfel – in seinen Essays spricht er dies wiederholt aus – einen negativen Wert bedeutet. Moderne Ideologien bedienen sich nach Werfel abstrakter Kategorien (Stände, Nationen, Klassen, Menschheiten), die zur Zerstörung des Individuums führen. Als der Dichter das Fragment 1928 wieder durchlas, war er »erstaunt über die prophetische Vorwegnahme des Bolschewismus, der ja erst im November 1917 begann« (Dr II, S. 516). Er hätte später hinzufügen können: auch des Faschismus.

Das Jahr 1917 erwies sich als schicksalsschwer für Werfel. HARRY GRAF KESSLER erwirkte seine Abkommandierung ins Kriegspressequartier in Wien, wohin die *clementia austriaca* auch andere Dichter und Schriftsteller, z.B. Rilke, Hofmannsthal, Musil, Peter Altenberg und Franz Blei geschickt hatte. Von August 1917 bis Mitte Januar 1918 war Werfel dort tätig. Durch Franz Bleis Vermittlung lernte Werfel in Wien seine spätere Frau, die schöne und geistreiche Tochter des österreichischen Landschaftsmalers EMIL JACOB SCHINDLER kennen. ALMA, die Witwe des Komponisten GUSTAV MAHLER, war seit dem 18. August 1915 in zweiter Ehe mit dem Architekten WALTER GROPIUS verheiratet. Schon im Jahre 1915 hatte ein Gedicht Werfels, »Der Erkennende«, das sie in der expressionistischen Zeitschrift ›Die weißen Blätter‹ las, Alma so tief beeindruckt, daß sie dazu die Musik schrieb. Auf diesem Wege entwickelte sich eine große Liebe, die über Werfels Tod hinaus reichte. Obwohl Alma 11 Jahre älter als Werfel war, überlebte sie ihn um 19 Jahre.

Im Januar 1918 reiste Werfel nach Zürich, wohin ihn das österreichische Kriegspressequartier delegiert hatte. Im Widerspruch zu allen Direktiven entfaltete er dort eine pazifistische Propagandatätigkeit, die z. B. in seiner »Rede an die Arbeiter von Davos« zum Ausdruck gelangt. Dieser Rede im Arbeiterbildungsverein der Sozialdemokratischen Partei schickte Werfel einer Lesung eigener Gedichte voraus. Ob er damit bei den Arbeitern Erfolg hatte, wissen wir nicht; hingegen ist uns aus Zeitungsmeldungen bekannt, daß die theaterliebende Jugend ihm huldigte, als »Die Troerinnen« im Zürcher Stadttheater aufgeführt wurden und daß seine Meisterschaft als Vorleser allgemein gerühmt wurde. Insgesamt trat Werfel zwischen dem 18. Januar und dem 15. April etwa zehnmal mit Vorträgen und Lesungen vor die Schweizer Öffentlichkeit, ehe er am 17. April nach Wien zurückkehrte. Unmittelbar nach der Rückkehr wurde er durch die Wiener Behörde seiner Verpflichtung entbunden.

Am 2. August 1918 gebar Alma, die damals noch mit Gropius verheiratet war, Werfel einen Sohn. Das kränkliche Kind wurde am 18. Februar 1919 nach römisch-katholischem Ritus auf den Namen MARTIN CARL JOHANNES getauft. Es starb bereits im Juni des gleichen Jahres, während Alma ihren Gatten, der kurz nach der Geburt des Kindes die Wahrheit erfahren hatte, in Berlin aufsuchte, um ihn zu bitten, ihr die Obhut ihrer Tochter MANON GROPIUS zu überlassen. Werfel widmete dem Andenken seiner Ziehtochter Manon, die in ihrem 20. Lebensjahr am 22. April 1935 in Wien starb, die beiden unveröffentlichten Legendenfragmente »Die Fürbitterin der Tiere« und »Die Fürbitterin der Toten« sowie den Roman »Das Lied von Bernadette«. Auch in der Gestalt der Zenua in »Höret die Stimme. Jeremias« ist Manon verewigt. Außerdem erzählt der essayistische Sketch »Manon« vom Leben und Sterben des Mädchens.

Der Krieg hatte Werfels schöpferische Kraft nicht gelähmt. Anders als Rilke, der vier Jahre lang (1915–1919) verstummte, hatte Werfel, in teils grausigen Visionen, aus seinem Kriegserlebnis die Gedichte geschaffen, die 1919 unter dem Titel »Der Gerichtstag« erschienen. Viele dieser auf schlechtem Kriegspapier gekritzelten Verse sandte er unmittelbar vom k. u. k. Feldpostamt 431 an Kurt Wolff.

Auf die militärische Niederlage der österreichisch-ungarischen Monarchie folgten chaotische Zustände. Besonders in Wien, das mit Ausrufung der Republik Österreich am 12. November 1918 von der Metropole eines Kaiser- und Königreiches mit 50 Millionen Einwohnern zur Hauptstadt einer kleinen Republik von kaum 7 Millionen Einwohnern herabgesunken war, entfalteten die erregten Massen eine aufrührerische Tätigkeit. In den Wirren dieser Revolutionstage beteiligte sich auch Werfel an Versammlungen, Protesten und Umzügen der Vereinigung ›Rote Garde‹, die die jungen Literaten gegründet hatten. EGON ERWIN KISCH war es gelungen, Werfel vorübergehend für den Kommunismus zu gewinnen. Freilich muß hinzugefügt werden, daß Werfel und seine Zeitgenossen mit Sozialismus und Kommunismus eher einen säkularisierten Messianismus als die ökonomische Realität des Klassenkampfes verbanden. Alma verurteilte Werfels unüberlegte Teilnahme, zumal ihre Sympathie der zerfallenen Monarchie gehörte. Werfel selbst gedachte dieser Episode später nur mit Unbehagen.

Literatur zur Leipziger Zeit:

BERNHARD ZELLER: Der Verleger K. Wolff. In: Wolff I, S. xxi-xxxviii. – KURT HILLER: Leben gegen die Zeit, 1969, S. 94, 107. – WOLFF II, S. 39, 77–80.

Literatur zu »Weißenstein«:

FRANZ WERFEL: Weißenstein, der Weltverbesserer. In: Er III, S. 59 bis 66. – WILLY HAAS: Weißenstein Karl (Teil des Artikels: Weißt du noch, Walter Hasenclever?) In: Die lit. Welt IV, Nr. 42 (19. Okt. 1928). – JOHANNES URZIDIL: Weißenstein, Karl. In: Urzidil I, S. 65–178.

Verhältnis zu Rilke:

RAINER MARIA RILKE: Briefe aus den Jahren 1907–1914. Hrsg. v. Ruth Sieber-Rilke u. Carl Sieber, 1933, S. 303–304. – FRANZ WERFEL: Begegnungen mit Rilke. In: Das Tage-Buch VIII, Nr. 4 (22. Jan. 1927), S. 140–144. – RAINER MARIA RILKE u. MARIE VON THURN UND TAXIS: Briefwechsel, hrsg. v. Ernst Zinn, 2 Bde., 1951, S. 323–324. – EDUARD GOLDSTÜCKER: Rainer Maria Rilke u. F. W. In: Germanistica Pragensia I, Nr. 3 (1960), S. 37–71.

Debatte um »Die christliche Sendung«:

KURT HILLER: Die unheilige Hekuba. In: Neue Generation XII (Dez.1916) , S. 7–8. Dass. in: Tätiger Geist, S. 202–203. – FRANZ WERFEL: Die christl. Sendung. Ein offener Brief an Kurt Hiller v. F. W. In: NR XXVIII (Jan. 1917), S. 92–105; dass. in: Tätiger Geist, S. 203–221. – MAX BROD: F. W.s Christl. Sendung. In: Der Jude I, Nr. 2 (Febr. 1917), S. 717–724. – GUSTAV LANDAUER: Christlich u. christlich, jüdisch u. jüdisch. In: Der Jude I, Nr. 12 (März 1917), S. 851–852. – MAX BROD: Christlich u. christlich, jüdisch u. jüdisch. In: Der Jude II, Nr. 3 (Juni 1917), S. 209. – ALFRED KURELLA: Brief an F. W. In: Tätiger Geist, S. 222–228. – KURT HILLER: Zur Ergänzung. In: Tätiger Geist, S. 229–242. – [M. F. CYPRIAN]: Briefe an einen Staatsmann, die neueste Literatur betreffend. In: Hochland XVI, Nr. 1 (Okt. 1918), S. 70.

Debatte mit Fritz Mauthner:

FRITZ MAUTHNER: Die Zukunft der Schule. In: BT, Nr. 513 (7. Okt. 1915), S. 2–3. – FRANZ WERFEL: Die Zukunft der Schule. Eine Entgegnung an Fritz Mauthner. In: BT, Nr. 549 (27. Okt. 1915), S. 2; gefolgt von einer Entgegnung Fritz Mauthners.

Debatte mit Georg Davidsohn:

FRANZ WERFEL: Substantiv u. Verbum. Notiz zu einer Poetik. In: Die Aktion VII, Nr. 1/2 (6. Jan. 1917), Sp. 4–8; dass. in: Paul Pörtner (Hrsg.). Literatur-Revolution 1910–1925, 1960, I, S. 182–188. – GEORG DAVIDSOHN: Brief an F. W. In: Die Aktion VII, Nr. 3/4 (20. Jan. 1917), Sp. 37–38. – FRANZ WERFEL: Brief an Georg Davidsohn. In: Die Aktion VII, Nr. 11/12 (17. März 1917), Sp. 152–154; dass. in gekürzter Fassung in: Literatur-Revolution 1910–1925, 1960, I, S. 188–190.

Verhältnis zu Kraus:

KARL KRAUS: Elysisches. Melancholie an Kurt Wolff. In: Die Fackel XVIII, Nr. 443–444 (16. Nov. 1916), S. 26–27. – DERS.: Dorten. In: Die Fackel XVIII, Nr. 445–453 (18. Jan. 1917), S. 133–147. – DERS.: Ich und das Ichbin. In: Die Fackel XX, Nr. 484–489 (15. Okt. 1918), S. 93–114. – DERS.: Notizen. In: Die Fackel XX, Nr. 484–

489 (15. Okt. 1918), S. 129. DERS.: Brief an Wilhelm Förster. In: Die Fackel XXI, Nr. 521–530 (Jan. 1920), S. 137, 139. – DERS.: Aus der Sudelküche. In: Die Fackel XXII, Nr. 561–567 (März 1921), S. 60-68. – DERS.: Intimes von Dichtern. In: Die Fackel XXIII, Nr. 577–582 (Nov. 1921), S. 35–38. – DERS.: Überführung eines Plagiators. In: Die Fackel XXIII, Nr. 577–582 (Nov. 1921), S. 56–59. – DERS.: Er ließ etwas streichen. In: Die Fackel XXIV, Nr. 595–600 (Juli 1922), S. 41–48. – DERS.: Kleinigkeiten. In: Die Fackel XXV, Nr. 622–631 (Mitte Juni 1923), S. 76. – DERS.: Ganz interessant zu hören; Ein merkwürdiger Zwischenfall und seine natürliche Erklärung (Versuch einer Traumanalyse). In: Die Fackel XXVII, Nr. 697–705 (Okt. 1925), S. 24, 25–27 passim. – DERS.: Keinen Seufzer, wenn ich bitten darf! In: Die Fackel XXIX, Nr. 759–765 (Mai 1927), S. 105-110. – DERS.: Kundgebungen. In: Die Fackel XXI, Nr. 806–809 (Anfang Mai 1929), S. 67. – DERS.: Barbara oder ... In: Die Fackel XXXI, Nr. 827–833 (Anfang Febr. 1930), S. 96–102. – DERS.: Werfel-Film wird nicht gedreht. In: Die Fackel XXXVII, Nr. 917–922 (Febr. 1936), S. 48–50. – HERBERT W. REICHERT: The Feud between F. W. and Karl Kraus. In: Kentucky Foreign Language Quarterly IV, Nr. 1 (Jan.–März 1957), S. 146–149. – PAUL SCHICK: Karl Kraus in Selbstzeugnissen u. Dokumenten, 1965, S. 64, 72, 81–82, 98, 104–105. (Rowohlts Monographien 111.) – WOLFF: II, S. 15, 39–40, 77–80, 91–98. – CAROLINE KOHN: Karl Kraus, 1966, S. 109 bis 114. – LEOPOLD ZAHN: F. W., 1966, S. 10, 13, 21–22, 28–29, 87. – ROGER BAUER: Kraus contra Werfel: eine nicht nur literarische Fehde. In: Sprache und Bekenntnis. Hermann Kunisch zum 70. Geburtstag, 1971, S. 315–334. – FRANZ WERFEL, in: Dr I, S. 230–231.

Die Versuchung

Hs.: bisher nicht auffindbar.
Entst.: 1912.
Erstdruck: Die Versuchung. Ein Gespräch des Dichters mit dem Erzengel und Luzifer. Leipzig: Kurt Wolff Mai 1913. 31 SS. = Der jüngste Tag 1. ²1917.
Heute: Dr I.

Literatur: PUTTKAMER, S. 45–47. KRÜGEL, S. 33–40. LEA I, S. 6–10, 133–134. VOGELSANG, S. 121. RÜCK, S. 8–12. SOKEL, S. 155–156.

Wir sind

Hs.: KWA (Teilms. 32 handgeschr., 16 masch.geschr. Bl.).
Entst.: 1912–Frühjahr 1913.
Erstdruck: Wir sind. Neue Gedichte. Leipzig: Kurt Wolff 1913. 127 SS. = Dichtungen 2 (15 sign. u. numm. Exempl. auf Japanbütten.). Dritte neu durchgesehene Aufl. 1917. 12.–16. Td., 1922.
Heute: LW.

Rezensionen: PAUL KRAFT: Literarische Neuerscheinungen. F. W. In: Die Aktion III, Nr. 26 (25. Juni 1913), Sp. 643–644. – RICHARD

Reiss: F. W. »W.s neue Gedichte«. In: Die schöne Literatur XIV, Nr. 14 (5. Juli 1913), Sp. 264–265. – C. N.: F. W., »W.s Neue Gedichte«. In: ZfB N. F. V, Nr. 5/6 (Aug./Sept. 1913), S. 206. – [Rudolf Leonhard]: F. W., »W.s Neue Gedichte«. In: Die Bücherei Maiandros 6. Buch (1. Sept. 1913), Beiblatt 5–6. – Hans Bethge: Neue deutsche Lyrik. In: Die Propyläen X, Nr. 49 (5. Sept. 1913), S. 771–772. – Ernst Blass: F. W., »W.s«. In: Die Argonauten I (1914), S. 44–47. – Paul Zech: Über F. W. In: März VIII, 1. Tl. (31. Jan. 1914), S. 168–170. – Eva Cassirer: F. W., »W.s Neue Gedichte« In: Die Frau XXI, Nr. 5 (Feb. 1914), S. 295–301. – Emil Alfons Rheinhardt: F. W. »W.s.«. In: NR XXV (6. Juni 1914), S. 879–880. – Bruno Frank: »W.s. Neue Gedichte von F. W« In: Der Greif I, Nr. 12 (Sept. 1914), S. 526–527. – Anon.: Vom jüngsten Tag deutscher Dichtung. In: Die christl. Welt XXX, Nr. 49 (7. Dez. 1916), Sp. 939–940.

Interpretation einzelner Gedichte aus »Wir sind«:

Joachim Kröll: siehe unter *Weltfreund.* – Albrecht Goes: F. W., »Als mich dein Wandeln an den Tod verzückte«. In: Freude am Gedicht, 1952. ²1954, S. 32–38; dass. in: Dichter und Gedicht, 1966, S. 25 bis 29. – Lore Barbara Foltin u. Hubert Heinen: F. W.s »Als mich dein Wandeln an den Tod verzückte: An Interpretation«. In: Modern Austrian Literature III, Nr. 2 (Sommer 1970), S. 62–67.

Die Troerinnen

Hs.: KWA (41 SS.) Wiener Stb. (Prolog 13 SS.), U. of Pennsylvania (Fragment).
Entst.: Sommer 1913–März 1914.
Urauff.: 22. April 1916, Lessing Theater, Berlin.
Erstdrucke: Ausgewählte Szenen in: Die Weißen Blätter I, Nr. 9 (Mai 1914), S. 868–890. Buchausgabe: Die Troerinnen des Euripides. In deutscher Bearbeitung von Franz Werfel. Leipzig: Kurt Wolff 1915. 126 SS. (40 numm. Exempl.) 18. Td., 1928.
Heute: Dr I u. S. Fischer Schulausgabe 1953.

Rezensionen u. Literatur: Siegfried Jacobsohn: »D. T.« In: Das Jahr der Bühne V (1915/16), S. 168–172. – Paul Goldmann: Berliner Theater. »D. T. d. Euripides in deutscher Bearbeitung von F. W.« In: NFP Nr. 18577, 11. Mai 1916, S. 1–4. – Alfred Polgar: »D. T.« In: Die Schaubühne XII, Nr. 24 (15. Juni 1916), S. 599 bis 601. – Anna Brunnemann: Eine griechische Tragödie in neuem Gewand. In: Die Frau XXIV, Nr. 4 (Jan. 1917), S. 210–219. – J. E. Poritzky: »D. T. d. Euripides«. In: Der Zwinger I, Nr. 7 (1. Sept. 1917), S. 180–186. – M. F. Cyprian: »D. T. d. Euripides« in W.s Nachdichtung. In: Hochland, XVI, Nr. 3 (Dez. 1918), S. 332–336. – Franz Herterich: Zur Inszenierung der Troerinnen. In: Blätter des Burgtheaters I, Nr. 9 (1920), S. 12–21. – Specht, S. 132–138. – Heinz Wildhagen: Die attische Tragödie – Euripides – Die Troerinnen – und wir. In: Das Prisma V, Nr. 27 (1928/29), S. 349–360, (entnommen dem Hellweg, VII, Nr. 23). – FECHTER, S. 78. – KARL JACOBS: Nachwort. In der von ihm hrsg. Schulausgabe, 1952, S. 67 bis 70. – GARTEN, S. 111–112. – KRÜGEL, S. 41–64. – DUWE, Bd. 2, S. 347. – VOGELSANG, S. 122–123. – MEISTER, S. 55–93. – RÜCK, S. 12–15. – KARL GUTHKE: Der Gott der Enttäuschten im dt. Expressionismus. In: Die Mythologie der entgötterten Welt, 1971, S. 290 bis 313.

Einander

Hs.: UCLA (Entwurf 39 SS.).
Entst.: 1913–1915.
Erstdruck: Einander. Oden Lieder Gestalten. Leipzig: Kurt Wolff 1915. 107 SS. = Dichtungen 3. (100 numm. Exempl. auf Bütten). ⁴1920, 11.–12. Td. 1923.
Heute: LW.

Rezensionen u. Literatur: OTTO PICK: Literatur. Neue Dichtungen von F. W. In: PT, Nr. 169, 20. Juni 1915, S. 9, Sp. 2–3. – G. W.: F. W. »E.«. In: ZfB, VII, Nr. 5–6 (Aug./Sept 1915), Sp. 274 bis 257. – MAX HERMANN-NEISSE: F. W. »E.«. In: Sirius (Zürich), Nr. 2 (1. Nov. 1915), S. 29–31. – H. SIEMSEN: F. W. »E.«. In: Zeit-Echo II, Nr. 1 (1915–16), S. 16. – SPECHT, S. 106–132. – KLARMANN III, passim. – GRENZMANN I, S. 268. – JUNGE, S. 9–12, 66–83, 89–95, 103–106, 112–120, 146–150 u. passim. – ARNOLD, S. 63–73.

Interpretation einzelner Gedichte aus »Einander«:

CHRISTINE BOURBECK: Die Struktur der Zeit in heutiger Dichtung. In: Erkenntnis und Glaube, 1956, S. 27–30 (»Fremde sind wir auf der Erde alle«). – HESELHAUS, S. 205–213 (»Jesus und der Äserweg«). – KRÖLL, s. u. *Weltfreund* (»Jesus und der Äserweg«). – MANFRED SEIDLER: F. W. In: Moderne Lyrik im Deutschunterricht, 1965, S 62–65 (»Jesus und der Äserweg« u. »Veni creator spiritus«). – WILHELM DUVE, in: Ausdrucksformen dt. Dichtung, 1965, S. 264–268 (»Lächeln Atmen Schreiten«).

Allgemeine Literatur über W.s Gedichte bis einschließl. »Einander«:

ERNST LISSAUER: Neue Lyrik. In: Die Rheinlande XIV, (1914), S. 225–226. – DERS.: Über F. W. In: Das lit. Echo XVIII, Nr. 9 (1. Febr. 1916), S. 536–548. – HERWARTH WALDEN: Von Zeit und Ewigkeit. In: Der Sturm VI, Nr. 17/18 (1./2. Dez. 1915), S. 101, 104. – JULIUS BAB: F. W. In: März X, Nr. 3 (2. Sept. 1916), S. 164 bis 170. – RUDOLF KAYSER: F. W. In: Neue jüdische Monatshefte II, Nr. 1 (1917–1918), S. 17–28. – JOSEF KÖRNER: F. W. In: Die Tat IX, Nr. 9 (Dez. 1917), S. 775–785. – RUDOLF WOLFF: F. W. In: Die neue Lyrik. Eine Einführung in das Wesen jüngster Dichtung, 1922, S. 51–54.

Stockleinen

Hs.: UCLA.
Entst.: Juni 1917.
Erstdruck: Dr II.

Literatur:

Werner Helwig: Wer lacht, wird erschossen, W.s »St.«-Fragment
von 1917 wäre der beste Stoff f. das dt. Theater von 1960. In: Christ
u. Welt, 15. Sept. 1960. – Rück, S. 24–28. – Günther, S. 288–289.

Gesänge aus den drei Reichen

Enthält Gedichte aus »Der Weltfreund«, »Wir sind«, »Einander« und neue Gedichte. Die als »Neue Gedichte« angeführten
erschienen später in »Der Gerichtstag« mit Ausnahme von »Die
hl. Elisabeth«; dieses Gedicht erscheint in LW als Nachtrag zu
»Einander«.
Erstdruck: Gesänge aus den drei Reichen. Ausgewählte Gedichte.
Leipzig: Kurt Wolff, 1917. 109 SS. = Der jüngste Tag 29/30.
²1917.
Heute: LW.

Literatur:

Paul Zaunert: Religiöse Dichtung. In: Die Tat XIII, Nr. 9 (Dez.
1921), S. 711–713.

Der Gerichtstag

Hs.: KWA (10 Gedichte), UCLA (Teilms.), Jerusalem (Fahnen).
Entst.: 1915–1917.
Erstdruck: Der Gerichtstag. In fünf Büchern. Leipzig: Kurt Wolff
1919. 308 SS. = Dichtungen 5. 6.–7. Td. als neue, gekürzte Ausgabe 1923. 234 SS. Neuausgabe, Berlin Wien Leipzig: Paul Zsolnay
1931.
Heute: LW.

Literatur:

H[ermann] H[esse], in: Vivos Voco (Leipzig) I, Nr. 2/3 (Nov./
Dez. 1919), S. 204–205. – Hans Bethge, in: ZfB N. F. XI, Nr. 10/
11 (Jan.–Febr. 1920), Sp. 507–508. – Eduard Korrodi: Geist u.
Sprache F. W.s. In: Neue Zürcher Ztg, Nr. 221, 1920. – Martin
Sturm, in: Die Flöte (Coburg) II, Nr. 12 (März 1920), S. 109–200.
– Max Tepp: F. W.s »G.« In: Der Leib, Nr. 3 (April 1920),
S. 111–112. – W. G. Hartmann: F. W.: »D. G.«. In: Die Tat (Jena)
XII, Nr. 3 (Juni 1920), S. 219–222. – O. Hachtmann, in: Die schöne
Literatur XXII, Nr. 10 (7. Mai 1921), S. 122–123. – Heinz Kenter:
F. W.s »G.«: Die geistige Wende einer dichterischen Sendung. In:
Das lit. Echo XXIII, Nr. 21 (1. Aug. 1921), S. 1292–1297. – Specht,
S. 138–154. – Klarmann III, S. 17 u. passim. – Curt von Faber du
Faur: Ten Poems of F. W. In: The Yale University Library Gazette
XXV, Nr. 3 (Jan. 1951), S. 93–95. – Puttkamer, S. 12–16. –
Eloesser, S. 578–579.

Einzelinterpretationen aus »Der Gerichtstag«:

KURT OPPERT: Fluch über die Vollkommenheit. Betrachtungen zu Gedichten von Rilke u. W. In: Wirk. W I, Nr. 6 (Juni/Juli 1951), S. 343–351 (»Die Vollkommenen«).

Allgemeine Literatur zu W.s Gedichten bis zu »Der Gerichtstag«:

BERTHOLD VIERTEL: F. W. In: Der Zwinger. Blätter des Dresdner Hoftheater, I, Nr. 7 (1. Sept. 1917), S. 169–175. – FRANZ WEGNITZ: F. W. In: Westermanns Illustrierte Dt. Monatsschrift, 124. Bd., 2. Teil, Nr. 744 (Aug. 1918), S. 587–593. – FRIEDRICH MÄRKER: F. W. In: Die Romantik (Berlin) IV, Nr. 3 (1922), S. 39–44. – ALFRED LUDWIG SCHMITZ: Der Dichter F. W. In: Hochland XIX, Nr. 8 (Mai 1922), S. 175–195. – ARTHUR ELOESSER: F. W. Moralist. In: The Literary Review III (14. Juli 1923), S. 843. – HANS SCHIMMELPFENG: F. W. In: Die christl. Welt XXXIX, Nr. 1/2 (8. Jan. 1925), Sp. 3–10; Nr. 3/4 (22. Jan. 1925), Sp. 50–57. – RICHARD SAMUEL u. THOMAS HINTON: Expressionism in German Life, Literature and the Theatre: 1910 bis 1924, (Cambridge), 1939, S. 133–135. – JOHANNES EDFELT: Tre Expressionistika Lyriker: Georg Heym, F. W., Georg Trakl. In: Moderna Språk IV, (1961), S. 38–48. – JULIUS KÜHN: Der Dichter u. das All. In: Weimarer Blätter II, Nr. 5 (Mai 1920), S. 225–240. – DETLEV SCHUMANN: Motifs of Cultural Eschatology. German Poetry from Naturalism to Expressionism. In: PMLA LVIII, Nr. 4, S. 1125–1177. – HELLMUT THOMKE: Die geistigen Voraussetzungen u. die Entwicklung des hymnischen Stils im Frühwerk W.s. In: Hymnische Dichtung im Expressionismus, 1972, S. 203–303.

Literatur zum Jahr 1918:

BERTA ZUCKERKANDL: Theater, Kunst u. Literatur. Der Fall F. W. In: NWJ, 21. Nov. 1918. – MAHLER-WERFEL, S. 122. – JOSEF PFEIFER: FW und die politischen Umwälzungen des Jahres 1918 in Wien. In: Etudes Germaniques 26. 1971, S. 194–207.

3. Erste Jahre in Wien (1918–1925)

Das Liebesverhältnis zu Alma Mahler-Gropius brachte es mit sich, daß Werfel den größten Teil des Winters 1918/1919 in ihrem Landhaus in Breitenstein am Semmering verbrachte, wo sich ihm mehr Ruhe zum Schaffen bot als im geselligen Wien. Sein erster und bis jetzt einziger Biograph RICHARD SPECHT besuchte ihn dort.

In dem von dem nachromantischen schweizer Philosophen JOHANN JACOB BACHOFEN entwickelten Ideengut über das Matriarchat hatte Werfel ein Thema gefunden, dessen künstlerische

Verwertung ihn reizte, zumal es expressionistischen Tendenzen vorwegnahm. Obwohl Bachofens Lehre vom Mutterrecht und von der Gynäkokratie erst durch die Schriften von LUDWIG KLAGES, besonders durch seinen »Kosmogonischen Eros« (1922) in Deutschland in weiten Kreisen bekannt wurde, ist kaum anzunehmen, daß Werfel durch dieses damals populäre Werk beeinflußt worden ist. Die weitgehende Übereinstimmung zwischen beiden zeigt lediglich, daß Dichter wie Philosophen denselben Strömungen der Zeit ausgesetzt sind und von ihnen bestimmt werden. Werfel arbeitete damals an seinem Roman »*Die schwarze Messe*«, der Fragment blieb. Die Vorstellung von der Erschaffung der Welt als coup d'ètat des Vatergottes, »der sich von Stund an Herr der Heerscharen nennt und sein Regiment aus den Polizeigewalten des Schreckens und der Gnade nolens volens errichten muß« (Er I, S. 100), kennzeichnet das Werk als expressionistisch. In die gleiche Zeit fällt auch die Entstehung von Werfels erstem Prosa-Buch »*Nicht der Mörder, der Ermordete ist schuldig*«. Die alte Monarchie steht als mächtiger Hintergrund hinter dem Geschehen, das sich in dem expressionistischen Vater-Sohn-Komplex zusammenballt. Werfel sieht das Vaterproblem als Problem von Staat, Gesellschaft und Militär, kurz als das von jeglicher Autorität. So erklärt der Sprecher der Anarchisten, mit denen Karl Duschek, der Held des Werkes, zusammentrifft, die Herrschaft des Vaters als: »Die Religion: denn Gott ist der Vater der Menschen. Der Staat: denn König oder Präsident ist der Vater der Bürger. Das Gericht: denn Richter und Aufseher sind die Väter von jenen, welche die menschliche Gesellschaft Verbrecher zu nennen beliebt. Die Armee: denn der Offizier ist der Vater der Soldaten. Die Industrie: denn der Unternehmer ist der Vater der Arbeiter. [...] Die Patria potestas, die Autorität, ist eine Unnatur, das verderbliche Prinzip an sich.« (Er I, S. 207–208). Die patriarchalische Weltordnung, die schon in Werfels Lyrik – man denke an das Gedicht »Vater und Sohn« – eine bedeutende Rolle gespielt hatte, war ein den Prager Kreis besonders bewegendes Motiv, und gerade in »Nicht der Mörder, der Ermordete ist schuldig« gehen die Übereinstimmungen mit Kafka bis ins Detail. Den Titel des Werkes entlehnte Werfel einem albanischen Sprichwort, auf das ihn Alma aufmerksam gemacht hatte. Ihre Erzählung über ein Erlebnis im Wiener Wurstelprater lieferte ihm auch den Stoff. Werfel berichtete darüber in einer einleitenden Glosse zu der amerikanischen Ausgabe, die unter dem Titel »Not the Murderer« in dem Sammelband »Twilight of a World« 1937 erschien.

Die andere Prosa-Dichtung dieser Zeit, die Alma »das wölkchenhafte, leichte Mozart-Märchen« (S. 125) nennt, nämlich die Phantasie *Spielhof«,* behandelt nicht nur das Generationsproblem in positiver Beleuchtung, sondern deutet gleichzeitig den Weg an, den Werfel bald einschlagen wird und auf dem er sich loslösen wird von dem Vater-Komplex mit seiner Prämisse, daß alle Väter verwerfliche Menschen seien.

Das Zauberspiel *»Die Mittagsgöttin«,* das Werfel 1919 schrieb, erschien ursprünglich als zweiter Teil des vierten Buches von »Der Gerichtstag«. Erst 1923 wurde es separat gedruckt. Die Thematik des Zauberspiels, die Rückkehr zu einem unkomplizierten Urzustand, einer aurea aetas, ist nicht nur ein Anliegen Werfels, sondern der gesamten expressionistischen Dichtung (vgl. z. B. Gottfried Benns Gedicht »O daß wir unsere Ururahnen wären«). In einem noch unveröffentlichten Brief an Alma Mahler spricht sich Werfel selbst darüber aus; er schreibt: »Du bist dort ein heidnisches Urprinzip.« Der Titel »Die Mittagsgöttin« ist dem tschechischen Volksglauben entnommen, demzufolge diese Figur in der heißen Mittagsstunde durch die reifen Ähren wandert. »Polednice«, wie sie dort heißt, ist ein böses Gespenst. So hat sie Werfel zwar in seinem Roman »Der veruntreute Himmel« aufgefaßt, aber nicht in der »Mittagsgöttin«. Wegen Laurentin, der mit Hilfe der Mittagsgöttin danach strebt, Selbstbesinnung und Selbsterlösung zu erlangen, kann man das Stück schon als Vorstufe zu Werfels nächstem Drama »Spiegelmensch« betrachten.

Werfel begann die Arbeit am *»Spiegelmensch«* im Februar 1919 und beendete das Drama im März 1920. Er las das Stück kurz darauf MAX REINHARDT und seinen Mitarbeitern in der Wohnung des großen Regisseurs in Berlin vor. Werfel nennt das Stück im Untertitel eine »Magische Trilogie«, eine Bezeichnung, die kaum im Sinne der Antike aufgefaßt werden kann. Die zur Aufführung notwendigen 16 Verwandlungen des Bühnenbildes stellten für die damalige Zeit enorme Anforderungen an die Theatertechnik.

Die Uraufführung fand am 15. Oktober 1921 im Alten Theater in Leipzig und gleichzeitig im Württembergischen Landestheater in Stuttgart statt. Werfel, welcher der Premiere in Leipzig beiwohnte, wurde mit dem Regisseur, Dr. Alwin Kronacher, wiederholt vor den Vorhang gerufen. Die Kritik maß »Spiegelmensch« an Goethes »Faust«, Ibsens »Peer Gynt«, Wolframs »Parzival«, Hofmannsthals »Jedermann«, Schikaneders »Zauberflöte«, Calderons »Das Leben ein Traum«, Grillparzers »Der Traum ein Leben«, an Strindbergs Stationsstücken, vor allem an »Nach Damaskus«, ja sogar an

Ferdinand Raimund und den in Wien seit jeher populären Volks- und Zauberstücken. Die Vergleiche fielen im allgemeinen zu ungunsten Werfels aus. Dennoch erzielte das Stück von Thamal und seinem alter ego, dem Spiegelmenschen, einen starken Erfolg, zu dem die Regisseure und Bühnenbildner der Zeit nicht wenig beitrugen. Ihnen gelang es, die Doppeldeutigkeit des Geschehens sichtbar zu machen, wie Helga Meister in ihrer Dissertation hervorhebt.

Die bissigen Ausfälle gegen Karl Kraus, die der Spiegelmensch in einer Szene vorbringt, die nicht wie das übrige Stück in Versen, sondern in ungebundener Rede geschrieben ist, wurde für die Aufführung am Wiener Burgtheater (22. April 1922) gestrichen, und dies nicht nur aus ästhetischen Gründen. Vielmehr befürchtete man, die Aufführung würde Anlaß zu lauten Protesten von seiten der »Kraus-Besessenen« (so Kurt Wolff) geben. Die Tageszeitungen berichteten von den Vorbereitungen der Polizei, jede Ruhestörung zu verhindern; die Sicherheitsvorkehrungen erstreckten sich bis auf die Anwesenheit von Kriminalbeamten in Zivilkleidung im Theatersaal.

Werfels Drang nach Selbstdeutung hatte sich schon vor der Aufführung von »Spiegelmensch« geltend gemacht, besonders in seinem Nachwort zu »Wir sind«, doch auch in seiner Vorbemerkung zu den »Troerinnen«. Die negativen Reaktionen, die »Spiegelmensch« ausgelöst hatte, bewegten ihn umsomehr, seine Auffassung vom Drama im allgemeinen und seine Interpretation seines Stückes im besonderen in einer theoretisch-kritischen Schrift darzulegen. »Theater«, der wichtigste Teil von *Dramaturgie und Deutung des Zauberspiels Spiegelmensch*« postuliert, daß Theater »Schau-Spiel«, also unterhaltend und anti-illusionistisch sei. Die Schrift, die in der geringen Auflage von nur 30 Exemplaren erschien, wurde auf Werfels Ersuchen bald nach Erscheinen im Jahre 1921 vom Kurt Wolff Verlag eingestampft.

Schon 1918 hatte Werfel sich an der Übersetzung einiger Gedichte des tschechischen Dichters OTAKAR BŘEZINA versucht. Seit Anfang 1919 beschäftigte er sich intensiv damit. In Zusammenarbeit mit Dr. Emil Saudek, der ihm die Symbolik dieser Dichtung näherbrachte, verbrachte er fast jeden Sonntag einige Stunden mit der Übertragung. Werfel sah darin eine Aufgabe, einen Repräsentanten des kleinen tschechischen Volkes dem zahlenmäßig weit größeren deutschen Publikum vorzustellen. Was Max Brod für den tschechischen Komponisten Leoš Janáček getan hatte und was später Johannes Urzidil für den tschechischen Maler und Graphiker Václav Hollár tun sollte, das wollte Werfel für Březina erwirken: seine Dichtkunst im deutschen Sprachraum bekannt zu machen und ihr Geltung zu verschaffen. Die tschechische Öffentlichkeit glaubte damals, Březina werde den Nobelpreis erhalten, eine Hoffnung, die sich allerdings als trügerisch erwies. Doch gaben diese Gerüchte Werfel den Antrieb, mit seiner Übersetzung so schnell wie möglich voranzukommen. In einem Brief an den Kurt Wolff Verlag beteuert er, daß er sich eng an den tschechischen Originaltext gehalten habe: »Ich habe alles beibehalten, selbst den monotonen Rhythmus, aber wo es nur ging, durch Alliteration, Assonanz, Binnenreim Leben hineingebracht«. Anders als früher bei Petr Bezruč handelt es sich diesmal nicht um einen Freundschaftsdienst für ein dem Dichter Werfel vergleichbares Talent, sondern um ganz sachliche, man könnte sagen taktische Gründe. Denn die Tschechen hatten ja seit 1918 ihren eigenen Staat und ihr Staatsoberhaupt, der erste Präsident der tschechoslowakischen Republik, der Philosoph T. G. Masaryk, genoß die Bewunderung und Unterstützung der ganzen Nation, in die selbst viele Angehörige der Minoritäten, wie z. B. Deutsche und Ungarn, einstimmten. Werfel selbst erwarb die tschechoslowakische Staatsbürgerschaft im November 1919. Die Gedichte Březinas erschienen in deutscher Nachdichtung von Emil Saudek und Franz Werfel unter dem Titel »Winde von Mittag nach Mitternacht« 1920 im Kurt Wolff Verlag.

Im September 1919 reiste Werfel für vier Tage nach Prag, um bei der Aufführung von »Die Troerinnen« anwesend zu sein. Nach seiner Rückkehr nach Österreich, das ihm seit Kriegsende zum ständigen Wohnsitz geworden war, zog er sich nach Breitenstein zurück, wo die Arbeit an verschiedenen Fragmenten vorrückte. Laut Tagebuch (UCLA) befaßte er sich intensiv mit Hofmannsthals »Frau ohne Schatten«, die er sich ganz im Sinne Bachofens auslegt. Werfel sieht den Kaiser als Vergewaltiger, der »die sexuelle Erbsünde« in die Welt bringt. Die Folgen sind das Unglück der Frau, die es durch Opferbereitschaft überwindet. An den langen Herbstabenden in Breitenstein beschäftigte sich Werfel mit Dostojewskij und Turgenjew; oft las ihm Alma Goethes »Gespräche mit Eckermann« vor. Die Gedanken, die Werfel damals dazu in seinem Tagebuch vermerkte, wurden 1961 im Almanach des S. Fischer Verlags auszugsweise abgedruckt.

Trotz der persönlichen Zufriedenheit, die ihm durch seine Verbindung mit Alma zuteil wurde, konnte Werfel gegen Ende des Jahres 1919 sich einer »erdrosselten Hoffnungslosigkeit« (T, UCLA) nicht erwehren. Auch in seiner alten Heimatstadt Prag, die er im Dezember des Jahres besuchte, wich das Gefühl der Schlaffheit nicht von ihm. Zeitlebens blieben ihm übrigens die Trennungen von Alma, die er seines Werkes wegen auf sich nahm, ungemein schmerzlich, wie aus unzähligen Briefen, Karten und Telegrammen, die er von auswärts an sie zu schicken pflegte, hervorgeht. Im Januar 1920 hielt sich Werfel nur kurz in Wien bei Alma auf. Ab 1. Februar war er wieder in Breitenstein. In seinem Tagebuch vom 10. Februar vermerkt Werfel mit schmerzlicher Rührung den Tod Richard Dehmels (8. Februar), mit dessen Gedichten er sich eben tagelang befaßt hatte. Werfel hatte Dehmel, der damals auf der Höhe seines Ruhmes stand, in Leipzig kennengelernt und sein lebensbejahendes Temperament schätzen gelernt, zumal da Dehmel Anti-Wagnerianer war; sein Hinweis auf die »Gefahr«, die Richard Wagner bedeute, lag Werfel noch jahrelang im Sinn.

In das Jahr 1920 fällt Almas erster Besuch bei Werfels Eltern in Prag. Als Mitglied einer geistigen ›Elite‹ hatte Alma sich nur mit einer reservatio mentalis und nur Franz zuliebe zu dieser Reise entschlossen. Doch der Eindruck, den sie bei Werfels Eltern und Schwestern hinterließ, war überwältigend, und Franz schrieb ihr entzückt von der »Glorie der Begeisterung«, die sie ausgelöst hätte.

Die nächste größere Arbeit, die Werfel in Angriff nahm, war »*Bocksgesang*«, sein erstes Drama in Prosa. Der Titel, eine wörtliche Übersetzung des griechischen τραγωδια ist als ein Hinweis auf die Mehrschichtigkeit des dramatischen Geschehens gedacht. Das Wort selbst ist ja nicht nur der Begriff für Tragödie, sondern bedeutete einst das Lied um den Bock während der Dionysosriten. Werfel bezieht sich in seinem Drama dann noch auf die bocksähnliche Mißgeburt, den Erstgeborenen des slowenischen Bauernpaares, der aus Scham jahrelang ängstlich in Verborgenheit gehalten wurde und der am Hochzeitstag des jüngeren, normalen Sohnes ausreißt. Die erste Anregung zu dem Drama erhielt er bei einem Besuch auf dem Prager Vyschehrad, der Festung im südlichen Teil der Stadt, wo ihn im Pathologischen Institut der Anblick einer Mißgeburt erschütterte.

Das bereits 1921 im Kurt Wolff Verlag erschienene Theaterstück erlebte am 10. März 1922 im Wiener Raimundtheater seine Uraufführung, der auch Werfel beiwohnte. Die Tageskritik bemühte sich um eine Auslegung der fünfaktigen Tragödie und fand sie im ganzen revolutionär, verwirrend und unverständlich. Die dramatische Kraft einzelner Teile, insbesondere der Kirchenszenen, wurde jedoch gelobt. Auch die lyrische Innigkeit und poetische Schönheit der Sprache wurden weithin betont. Auf den Gedanken, es könnte sich um ein Märtyrerdrama handeln, kam meines Wissens niemand. Nach GRENZMANN ist »Bocksgesang« eine »soziale Handlung mit mythischem Hintergrund«. Die Gefahr, daß das »Furchtbare unter uns« sich losreißen könnte, bestehe immer (Grenzmann I, S. 271). Auch KLARMANN sieht in der Bocksgestalt das Symbol des unausrottbaren Bösen. (II, S. 22) LAMBASA allein weist dem »Bocksgesang« eine Vorläuferrolle des absurden Dramas zu. Er hebt die grotesken Aspekte hervor und schreibt Werfel eine prophetische Rolle zu: »For after experiencing our recent past, it may not at all be impossible for us to imagine a ›Beast‹, enshrined and worshipped with outstretched hands and frenzied cries, demanding its innumerable human victims and laying waste to an entire continent.« (Foltin I, S. 82)

»Bocksgesang« wurde in Ruth Langners Übersetzung am 25. Januar 1926 in New York von der Theatre Guild auf der Bühne ihres eigenen Theaters aufgeführt. Diese angesehene Theatergesellschaft, die kurz nach Ende des 1. Weltkrieges gegründet worden war, hat später mit ihren gelungenen Aufführungen Arthur Miller, Tennessee Williams und anderen damals noch wenig bekannten Dramatikern zum ersten Erfolg verholfen. Mit viel Unternehmungsgeist importierte die Theatre Guild auch Stücke deutscher Expressionisten wie Toller und Kaiser. Werfel wurde so in den Vereinigten Staaten bekannt, die ihm etwa fünfzehn Jahre später Asyl bieten sollten. Daß die Aufführung von »Goat Song« auch ein finanzieller Erfolg wurde, wirkte allgemein überraschend. Die Hauptrollen wurden von Jacob Ben-Ami mit so bewährten Schauspielern wie Alfred Lunt, Lynn Fontanne und Blanche Yurka besetzt. Zudem fanden beim Publikum und bei den Kritikern die farbenprächtigen Kostüme und reizvollen Bühnenbilder von Lee Simonson großen Anklang. Obgleich die Meinungen der amerikanischen Kritiker über die Qualität des Stückes stark auseinandergingen, nannten doch die meisten die Aufführung das Ereignis der Theatersaison, und es besteht kein Zweifel, daß »Goat Song« das Ansehen Werfels in Amerika erhöhte. Dazu verhalfen auch Vorträge, die die Guild veranstaltete, durch die Diskussionen über Werfels Drama sowie Debatten in der Presse angeregt wurden. Die berühmteste Äußerung ist wohl ein Brief des amerikanischen Dramatikers EUGENE O'NEILL, den die NYT am 7. März 1926 veröffentlichte. Darin heißt es: »Here is a play which really justifies all one can say by way of enthusiastic praise.«

Eines der Mitglieder der Tafelrunde im Café Arco in Prag war der tuberkulöse, vom Tod so jung dahingeraffte Dichter KARL BRAND gewesen. Aus ärmlichen Verhältnissen stammend, war er durch Herkunft und Milieu von Werfel, dem Sohn eines Millionärs, ganz verschieden. Beiden gemeinsam jedoch waren Jugenderlebnisse, dichterische Ambition und ihr Prager Deutschtum. Als Johannes Urzidil Brands Werk unter dem Titel »Karl Brand. Vermächtnis eines Jünglings« herausgab, schrieb Werfel im Mai 1921 ein Vorwort (»Erinnerung an Karl Brand«) dazu. Werfel legt darin Zeugnis ab für die unverbrüchliche Treue, die sich die Dichter des Prager Kreises hielten, so verschieden sie sich entwickeln mochten und so weit sie sich auch geistig und räumlich von Prag entfernten. Im gleichen Jahr leistete Werfel einem anderen alten Prager Bekannten einen

Freundschaftsdienst. Er galt dem Dirigenten und Komponisten ALEXANDER VON ŽEMLINSKY, der wohl nicht zur Café Arco Gruppe gehört hatte, dessen Kunst Werfel aber schon als junger Mensch in Prag bewundert hatte (Žemlinsky war auch der Kompositionslehrer Almas gewesen). Der Aufsatz erschien in der Wiener Musik-Zeitschrift ›Auftakt‹ Jg. I, Heft 14–15. Im Herbst 1921 erschien auch Werfels Gedichtband »Arien« als Band 9 der Stundenbücher bei Kurt Wolff.

Während Almas Abwesenheit von Wien im März 1922 beschäftigte sich Werfel damit, ein Drama »*Schweiger*« zu schreiben. Es ist dies eines seiner umstrittensten Werke. In den Notizbüchern und Vorarbeiten nennt er es noch »Der Massenmörder«. Da Schweigen bei Werfel oft Überstehen oder sogar Göttliches bezeichnet (vgl. die Gedichte »Das Licht und das Schweigen« im fünften Buch von »Der Gerichtstag«, und »Allelujah« in »Beschwörungen«), so ist der Titel »Schweiger« natürlich weit treffender. Wie in dem kurz vorher entstandenen »Bocksgesang« und in den darauf folgenden »Beschwörungen« bricht in dem Drama »Schweiger« eine Dämonenwelt in das tägliche Leben ein. In »Schweiger« wollte sich Werfel gleichzeitig mit verschiedenen Zeitproblemen auseinandersetzen, was eine uneinheitliche Handlung zufolge hat. Sozialismus, Psychiatrie, Machtbedürfnis, die katholische Kirche, Spiritismus zerren an der Seele des armen Schweiger. Daß er, wie sein Schöpfer, mit Vornamen Franz heißt, will vielleicht bedeuten, daß diese Figur Werfel besonders nahestand.

Die Uraufführung des schon im Winter 1922 bei Kurt Wolff erschienenen Stückes fand am 6. Januar 1923 im Neuen Deutschen Theater in Prag statt. Die Kritik verfuhr fast durchgehend schonungslos mit dem »Schweiger«. ROBERT F. ARNOLD verurteilte das Trauerspiel, weil darin »Politik, Psychiatrie und Mystik zu einem wahrhaft giftigen Theaterbrei gemischt werden« (»Das Dt. Drama«, S. 810). W. SPAEL bezeichnete es als »ein unmögliches Konglomerat von psychischen und physischen Abnormitäten« (›Germania‹, 6. Oktober 1923). Doch die Kritik, die Werfel wirklich traf, stammte weder von Theaterrezensenten noch von Literaturkritikern, sondern von seinem alten Freund FRANZ KAFKA.

Werfel hat Kafka zutiefst bewundert trotz der (fast stets isoliert zitierten) Bemerkung: »Hinter Tetschen-Bodenbach wird kein Mensch Kafka verstehen« (Brod, »Franz Kafkas Glauben und Lehre«, S. 111). Einzig Klaus Wagenbach wird dem Tatbestand gerecht. Er betont, daß dieser aus dem Jahre 1909 stammende Ausspruch Werfels den damaligen Tatsachen entsprach (»Franz Kafka in Selbstzeugnissen und Bilddokumenten«, S. 56). Hingegen war die Haltung Kafkas Werfel gegenüber sehr ambivalent. Hartmut Binders Behauptung, Kafka habe Werfel »zeitlebens bewundert« (»Motiv und Gestaltung bei Franz Kafka«, S. 109), ist nur bedingt richtig. In Kafkas Tagebüchern, in den Briefen an seine Braut Felice Bauer, an seine Geliebte Milena Jesenská und an andere ihm nahestehende Menschen taucht zwar Werfels Name immer wieder auf, doch verraten die Bemerkungen einen eigentümlichen Zwiespalt zwischen Bewunderung und Verachtung. Werfels Gedichte erfüllen ihm »den Kopf wie von Dampf« (»Tagebücher 1910–23«, Eintragung von 1911, S. 144). An einer anderen Stelle aus dem gleichen Jahre gibt er sogar zu, daß er Werfel haßt und beneidet, nicht nur, weil dieser gesund, jung und reich ist, sondern auch musikbegnadet, während ihm selbst die Musik verschlossen sei. Unter dem Datum vom 30. August 1912 vermerkt Kafkas Tagebuch: »Vorigen Samstag rezitierte Werfel im Arco die »Lebenslieder« und das »Opfer«. Ein Ungeheuer!« Aus dem »Ungeheuer« wird am 12. Dezember 1912 in einem Brief an Felice »Ungeheueres«: »Werfel ist tatsächlich ein Wunder [...] Der Mensch kann Ungeheueres« (»Briefe an Felice und andere Korrespondenz aus der Verlobungszeit«, S. 178). Über »Spiegelmensch« urteilt Kafka später: »Was für eine Fülle von Lebenskraft. Nur an einer Stelle ein wenig angekränkelt, aber dafür ist es überall sonst desto üppiger und selbst die Krankheit ist üppig. Ich habe es gierig zuende gelesen an einem Nachmittag« (»Briefe 1902–1924«, S. 425). Werfel, der es gewohnt war, während der wiederholten Aufenthalte in Prag seine Freunde aufzusuchen oder sie im Kaffeehaus zu treffen, stattete auch Kafka im Dezember 1922 zusammen mit Otto Pick einen Besuch ab. Dabei lud er Kafka, bei dem damals die Tuberkulose schon ausgebrochen war, ein, ihn auf dem Semmering oder in Venedig zu besuchen. Werfels Besuch hätte also den Kranken eher freudig stimmen sollen. Doch sein »Schweiger« war Kafka so nahe gegangen, daß dieser sich, wie er an Max Brod schrieb, »abscheulich im Abscheulichsten« getroffen fühlte (»Briefe«, S. 423). Die dramatis personae – Schweiger, Anna, der Professor, der Dozent und »die schreckliche Strohschneider« – sind für Kafka keine Menschen. Um das Stück »erträglich zu machen, erfinden sie eine ihre Höllenerscheinung verklärende Legende, die psychiatrische Geschichte« (»Briefe«, S. 424). Das Schlüsselwort zu Kafkas »Entsetzen« (ebda) ist hier gefallen, nämlich »die psychiatrische Geschichte«. Kafka und Werfel lehnten die Psychoanalyse ab, und es ist eine Ironie des Schick-

sals, daß beider Werke einer psychoanalytischen Deutung ge-
fügig sind. Im »Spiegelmensch« z. B. polemisiert Werfel:
»Sind Zweifel da, bannt sie der Psychiater / Der Clown der
Wissenschaft im Rechtstheater« (Dr I, S. 232). Kafka schreibt
an Milena, daß er »in dem therapeutischen Teil der Psychoanalyse einen hilflosen Irrtum« sehe (»Briefe an Milena«,
S. 246). Wie Hartmut Binder darlegt, lehnte Kafka den Gedanken ab, die Not der Generation könne psychiatrisch geheilt werden, und gerade diesen Gedanken sah er in »Schweiger«. Darum schrieb er nach einer schlaflosen Nacht einen Brief an Werfel (den er aber vermutlich nicht abschickte), worin es heißt:
»Sie sind gewiß ein Führer der Generation, was keine Schmeichelei ist und niemandem gegenüber als Schmeichelei verwendet
werden könnte, denn diese Gesellschaft in den Sümpfen kann
mancher führen. Darum sind Sie auch nicht nur Führer, sondern
mehr [. . .] und man verfolgt mit wilder Spannung ihren Weg.
Und nun dieses Stück. Es mag alle Vorzüge haben [. . .] es ist
aber ein Zurückweichen von der Führerschaft, nicht einmal Führerschaft ist darin, eher ein Verrat an der Generation, eine Verschleierung, eine Anekdotisierung, also eine Entwürdigung ihrer Leiden« (»Briefe«, S. 425). Noch schärfer drückt sich Kafka
in einem anderen Briefentwurf aus: »Vor allem fühle ich eine
Verschleierung darin, daß »Schweiger« zu einem allerdings
tragischen Einzelfall degradiert ist [. . .] Aber Sie machen ihn
noch vereinzelter. Es ist, als könnten Sie ihn gar nicht genug
vereinzelt machen. Sie erfinden die Geschichte von dem Kinder-
mord. Das halte ich für eine Entwürdigung der Leiden einer
Generation. Wer hier nicht mehr zu sagen hat als die Psychoanalyse, dürfte sich nicht einmischen« (»Hochzeitsvorbereitun-
gen auf dem Lande und andere Prosa aus dem Nachlaß«,
S. 278). Solange Werfels zentrales Anliegen der Generations-
konflikt war, konnte ihm Kafka beistimmen. »Schweiger«
mußte er ablehnen, weil seiner Ansicht nach Werfel darin das
Allgemeine als Einzelfall, als psychiatrischen Einzelfall über-
dies dargestellt hatte. Obwohl Werfel also den Brief Kafkas
wahrscheinlich nie erhielt, herrschte doch während seines Besuches eine Gewitteratmosphäre, die sich denn auch entlud, als
Kafka seinen Ekel vor dem Stück aussprach. Es spricht für Werfels großzügiges Naturell, daß er Kafka nichts nachtrug. Ein
anderes Mal – wie Dora Dymant aus dem Jahre 1923 berichtet – soll Werfel nach einem Besuch bei Kafka weinend die Wohnung verlassen haben. Auch Kafka soll geweint haben und in-
nerlich ganz aufgewühlt gewesen sein, weil es ihm nicht möglich
gewesen war, sich mit Werfel über dessen neues Werk auszu-

sprechen. Als Kafka, dem Tode nahe, in Kierling bei Wien im Sanatorium lag, war es Werfel, der sich an den behandelnden Arzt, Professor Hajek wandte, um für Kafka ein Einzelzimmer zu erwirken. Er sandte dem Freund Rosen und besuchte ihn öfters. Fast das einzige Buch, das Kafka in seinen letzten Lebenstagen noch zu lesen ertrug, war Werfels Verdi-Roman.

In der englischen Übersetzung von Jack Charash wurde »Schweiger« am 23. März 1926 im Mansfield Theater in New York aufgeführt. Obgleich auch die amerikanische Presse zum großen Teil auf das Stück nicht begeistert reagierte, lief es doch mehr als dreißigmal. Ebenso wie in der deutschen Originalfassung war »Schweiger« in der englischen Übersetzung ein großer Publikumserfolg beschieden. Unter den Kritikern sprach sich Harold Lenz über das Trauerspiel am positivsten aus und führte es selbst mit einer Amateur-Gruppe, dem Deutschen Verein der New York University, im April 1935 auf.

Die Popularität des Stückes, wenigstens in Deutschland und Österreich, könnte in der in ihm eingefangenen gesellschaftlichen Situation begründet sein – es spielt in einer österreichischen, katholischen Provinzstadt –, dann auch speziell in den zeittypischen Charakteren, dem sozialdemokratischen Stadtrat Travnik, dem Chefredakteur des ›Arbeiterwillens‹ Topas, und anderen, die den Theaterbesuchern ganz bekannt vorkommen mochten. Sie konnten den Judenfresser und Sozialistenhasser Professor von Viereck mit der Angst der Konservativen vor dem damals noch »roten« Wien leicht in Verbindung bringen. Auch das soziale Fürsorgewerk, das im Brennpunkt des Tagesgespräches stand, erhält gleich im ersten Akt seinen Tribut, indem Linerl von der Ferienkolonie und dem Kinderheim schwärmt. Die soziale Fürsorge war übrigens zum größten Teil das Werk des Wiener Universitätsprofessors JULIUS TANDLER, eines Freundes von Werfel.

»Schweiger« ist das letzte Drama Werfels, das man dem Expressionismus zurechnen könnte. Es läßt sich darin auch eine Entzauberung und Profanierung der Heldin wahrnehmen. Umsonst hofft Franz Schweiger auf die Erlösungskraft der Frau, denn nur durch die Unbedingtheit ihrer Liebe wäre es möglich, den Abgrund des Bösen zu überbrücken und das Verhängnis abzuwenden. Aber Anna versagt. Erst durch das Opfer des Mannes gelangt sie zu der Erkenntnis ihrer Bestimmung. Hier enthüllt sich die menschliche Tragik, dem Ideal nicht gewachsen zu sein.

Im Mai 1922 ehrte Werfel ARTHUR SCHNITZLER anläßlich seines 60. Geburtstags mit einem Aufsatz in der Zeitschrift ›Die neue Rundschau‹ (XXXIII, S. 498–513). Werfel schätzte Schnitzlers Werk hoch ein und wies auf seine Bedeutung zu einer Zeit hin, als es noch von vielen nicht seinem Rang entsprechend gewürdigt wurde. Im November 1922 veröffentlichte Werfel, ebenfalls in der ›Neuen Rundschau‹, »Bekenntnisse und Erinnerungen« zu GERHART HAUPTMANNS 60. Geburtstag (XXXIII, S. 1146–1165). Werfel unternimmt darin einen Vergleich zwischen der deutschen Dichtkunst und der deutschen Musik. Wie diese im Instrument – und nicht in der menschlichen Stimme – wurzele, so jene im Abstrakten (das Wort »abstrakt« hat bei Werfel immer eine negative Bedeutung). Gerhart Hauptmann habe, dank seiner Fähigkeit zu lieben und sich zu identifizieren, »den Menschen des Volkes« in die neue Weltliteratur gebracht. Werfels Würdigung schließt mit dem Gedicht: »Eine Gottes-Hand-voll Licht / Ward in einen schönen Mann gesenkt«.

1923 erschien der Gedichtband »*Beschwörungen*«. Übereinstimmungen mit Bachofens Ideen vom Matriarchat sind in diesen Versen besonders deutlich zu erkennen. Die tellurische Urmutter nimmt in dem Zyklus eine wichtige Stellung ein; sie ist bald die »ungeheure Todin«, welche »die schwarze Muttermilch des Endes« spendet, bald das Urelement, aus dem das Leben hervorgeht.

Die Inflation in Deutschland hatte zur Folge, daß Werfel und Kurt Wolff ihre Geschäftsverbindung lösten. Nach wie vor blieben sie aber herzliche Freunde. Obwohl Werfels Werke in großen Auflagen im deutschen Buchhandel verkauft wurden und seine Dramen über die wichtigsten deutschen Bühnen gingen, erhielt er durch die Währungsdifferenz so gut wie kein Honorar. Da machte ihm der junge Baron PAUL VON ZSOLNAY, der Sohn des Hauptlieferanten der k. u. k. Tabakregie, ein Angebot. Er hatte von den finanziellen Schwierigkeiten Werfels erfahren und bot diesem nun an, den Verdi-Roman, an dem er arbeitete, in seinem zu gründenden Verlag zu publizieren. Sollte Werfel auf seinen Vorschlag eingehen, dann würde er ihm fünftausend Schweizer Franken als Vorschuß geben, eine für damalige österreichische Verhältnisse astronomisch hohe Summe. Der uneigennützige Kurt Wolff entband Werfel seiner vertraglichen Verpflichtung. Im Sommer 1923 beendete Werfel ›*Verdi. Roman der Oper*‹, mit dem der Zsolnay Verlag am 1. April 1924 debütierte und in dem von nun an bis zum Anschluß Österreichs alle Werke Werfels erschienen. Im Jahre 1930 wurde Werfel sogar der Stief-Schwiegervater Paul von Zsolnays, als dieser Almas Tochter Anna Mahler heiratete. Die Beziehungen Paul von Zsolnays zu Werfel und Alma erfuhren auch dann keinen Abbruch, als die Ehe mit Anna geschieden wurde.

Zwölf Jahre lang hatte sich Werfel mit dem Plan, einen Roman über Verdi zu schreiben, getragen. Von der Arbeit an dem Drama »Das Reich Gottes in Böhmen« abgesehen, hat er niemals so viel Zeit zwischen der Konzeption eines Planes und seiner Ausführung verstreichen lassen. Neben den von Werfel selbst in seinem »Vorbericht« angeführten Gründen nennt Brunner als Ursache die Ich-Bezogenheit des jungen Expressionisten, die sich der epischen Darstellungsweise als Hindernis in den Weg stellen mußte.

Es war Werfels Absicht, in seinem Roman die »mythische Wahrheit« des Menschen und Künstlers Giuseppe Verdi darzustellen. Er konstruierte einen Kausalzusammenhang zwischen dem Versiegen von Verdis schöpferischen Kraft und dem Erfolg von Wagners jugendberauschender Zukunftsmusik. Wir stimmen Walter H. Sokel bei, der ein expressionistisches Grundmotiv darin erblickt, daß Werfel den Künstler in einer Schaffenskrise ins Zentrum des fiktiven Geschehens rückt, möchten aber einen Schritt weitergehen und es auch als ein durch Werfels Prager Herkunft bedingtes Motiv ansehen. Die isolierte Stellung der Prager deutschen Dichter, auf die schon hingewiesen wurde, ließ sie jede Isolation, also auch die des sich von seiner Kunst verlassen glaubenden Künstlers, nachfühlen und verstehen, wurden sie doch selbst von ähnlichen Krisen heimgesucht und litten darunter empfindlich; so Rilke, ehe er seine »Duineser Elegien« vollenden konnte, und Kafka, der bohrende Zweifel an der Gültigkeit seines Werkes hatte und sogar testamentarisch die Vernichtung seiner Manuskripte wünschte. Werfel selbst bat Alma mehrmals, den Verdi-Roman zu verbrennen, während er an dem Werk arbeitete.

Wagner, der Antipode Verdis, tritt im Roman nur an wenigen Stellen selbst auf, doch ist seine allmächtige Gegenwart stets zu spüren. (Diese Technik des unsichtbaren, aus der Ferne wirkenden Gegenspielers benutzte Werfel in seinem nächsten Werk, dem Drama »Juarez und Maximilian« in extremer Weise, denn Juarez tritt überhaupt nicht auf die Bühne.) Wagners suggestive Wirkung auf seine Verehrer entbehrt nicht einer erotischen Komponente. Italo, der fanatische Wagnerianer, fühlt sich entschlafft wie nach einer Liebesnacht, wenn er Klavierauszüge Wagnerscher Opern gespielt hat. In dem *Kontrastpaar Verdi-Wagner* spürt Werfel auch der Bodenständigkeit des Künstlers nach. Er sieht den deutschen Menschen ohne die Verhaftung an der Tradition, weshalb er sich durch gesuchte Originalität behaupten zu müssen glaubt. Im Verdi-Roman heißt es von Wagner: »Er war ein Deutscher. Und deutsch sein heißt: ›Dir ist alles gewährt, weil keine Form, keine Vergangenheit, keine

Beziehung dich bindet«.« Bei Werfel selbst wurde das expressionistische Bewußtsein der Entwurzelung durch die Isolierung als Intellektueller deutscher Zugehörigkeit und jüdischer Herkunft in der Prager geistigen Landschaft noch verschärft. Er war daher in der Lage, diese seelische Verfassung aus eigenem Erleben zu gestalten. Werfels Verdi ist im Gegensatz zu Wagner weder von seiner Auserwähltheit durchdrungen noch von Ideologien besessen. Seine Kompositionen, von herrlichen Melodien überströmend, gründen in der Tradition und weisen gleichzeitig in die Zukunft; sie entspringen einer musikalischen, nicht einer dramatischen Notwendigkeit, und sie erfreuen das Volk. Die Schönheit dieser Melodien wird von der menschlichen Stimme, nicht von Instrumenten getragen. Wenn etwas an Lauterkeit sie übertrifft, dann die Persönlichkeit des Maestro, der sich durch Unbestechlichkeit, Natürlichkeit und Noblesse im Triumph wie in der Niederlage erweist.

Der Roman enthält auch biographische Elemente. Man nimmt an, daß der Komponist ERNST KŘENEK der Gestalt des Musikers Mathias Fischböck gewisse Züge verliehen hat (Klarmann II, S. 23 und Brunner, S. 28 sehen allerdings nicht in Křenek, sondern in Josef Mathias Hauer das Vorbild; Brunner erwähnt außerdem Anton Webern). Křenek verbrachte den Sommer 1922 mit Alma, ihrer Tochter Anna Mahler, mit der er Ende 1923 die Ehe einging und Werfel auf dem Semmering. Während des Sommers 1922 las Werfel den genannten Personen größere Abschnitte aus seinem Verdi-Roman vor. Er arbeitete auch das Libretto zu Křeneks Oper »Zwingburg« um, das ursprünglich von einem Freund des Komponisten, dem Berliner Kinderarzt Dr. Fritz Demuth stammte, wie mir Křenek mitteilte. Werfel wünschte nicht, daß seine Umarbeitung des Librettos bekannt würde, weshalb die Literatur über Křenek diese Tatsache nicht erwähnt. Im übrigen handelte es sich um eine unglückliche Verbindung, da dem Komponisten Werfels Stil nicht wirklich zusagte und Werfel ihn kalt, herzlos, rücksichtslos und zynisch fand, und all dies, wie er an Alma schrieb, nur durch seine »milchbärtige Jugend« erträglich war. Anfang September 1922 komponierte Křenek auch Werfels Gedichte »Langsam kommen«, »Elevation« und »Allelujah« (alle in »Beschwörungen« enthalten), von denen nur »Elevation« in einem Heft mit dem Titel »Neun Lieder« (Universal Edition 1924) im Druck erschien.

Über die historischen Quellen zu dem Roman können nur Vermutungen angestellt werden. Wahrscheinlich besuchte Werfel die Verdi-Archive in Busseto und Sant' Agata. Fähnrichs Hinweis auf die angeblich eingehende Kenntnis der verschollenen »Re Lear« – Musik, die im Roman eine Schlüsselstellung einnimmt, unterstützt eine solche Annahme. Sicher ist, daß

Werfels Verdi-Bild, wie es im Roman erscheint, sich mit den Ergebnissen der wissenschaftlichen Verdi-Forschung deckt.

Was die prinzipielle Frage des biographisch-historischen Romans anlangt, so hat sie Werfel wie folgt beantwortet: »Man sollte sich nur dann an diese Gattung wagen, wenn man es aus verrückter Liebe zu dem erwählten Helden oder zu dem Gegenstand, den der Held vertritt, nicht aushält« (›Die literarische Welt‹ Nr. 41, 1928). Gewiß war es bei Werfel mehr die »verrückte Liebe« zu Verdi und seiner Musik als Quellenstudien, die den Roman entstehen ließ und ihm die überzeugende Gestalt gab. Als halbes Kind noch hatte er bereits entzückt den Opernaufführungen der *stagione* in Prag gelauscht, und dieses Aufgehen in der Musik behielt er sein Leben lang bei. Immer wieder spricht aus Werfels Werk seine Affinität zur Musik, die ihm »eine süße Ordnung, eine zarte Welt ohne Schuld, eine Vollendung von Gesetzen« ist (»Die Erschaffung der Musik«). Noch gegen Ende seines Lebens entzündet sich seine Begeisterung am Glanz und am Reichtum der Oper: »Gott wird für die Seele, die ihn schauen darf, nicht geistiges Bild sein, sondern ein Schauspiel. Ein Schauspiel mit Musik! Vielleicht ist die Wonne der Oper etwas, was als schwache Vorform auf dieses herrliche Mysterium hindeutet« (»Theologumena«). Werfels Freunde und Bekannte – auch Zeitgenossen, die zufällig seinen Weg kreuzten – legen alle Zeugnis ab für die auffallende Musikalität des Dichters. Willy Haas berichtet, daß die Orchester in den Prager Nachtlokalen die berühmten Verdi-Arien spielten, sobald Werfel an der Schwelle erschien und daß die Mädchen ihn »Caruso« nannten (Haas I, S. 12). Die Musik war auch »die Macht des Schicksals«, die Werfel mit seiner späteren Frau zusammenführte. THOMAS MANN meint etwas gönnerhaft, daß Werfel wie ein Opernsänger aussah, gibt freilich bei anderer Gelegenheit zu, daß Werfel »kluge, bewegende Äußerungen« über die Thematik seines »Doktor Faustus« gemacht habe (Mann, S. 76). In der ländlichen Einsamkeit des Semmerings hatte Werfel die Wände seines Arbeitszimmers mit Uraufführungsplakaten von Verdi-Opern und einem Bild des Maestro geschmückt.

»*Verdi. Roman der Oper*« wurde im allgemeinen von der Kritik positiv aufgenommen. Mancher Kritiker ging so weit zu behaupten, von nun an werde Werfel als Kronzeuge figurieren, wann immer man Verdi in neuer Sicht betrachten und in sachlicher Unvoreingenommenheit bewerten werde. Selbst ein solcher Anti-Werfelianer wie Schoolfield, der meint, die fiktiven Romanszenen könnte man nicht ernst nehmen, gibt zu, daß die Teile, die sich mit Musikinterpretation und

-geschichte befassen, wertvoll seien. Sokel sieht den Roman als das ab-
schließende Werk des Expressionismus.

Werfel reagierte auf jede Kritik überempfindlich, wie aus seiner Kontroverse mit Kraus erhellt. Trotz seines schönen Verses
»Denn wer sagt, versagt« konnte er nicht umhin, auf Heinrich
Simons »Steine des Anstoßes in Werfels Verdi-Roman« öffentlich zu antworten. Unter dem Titel »Ein Tadelzettel«
brachte das ›Das Tage-Buch‹ Jg VII am 2. Mai 1925 eine Entgegnung, in der er sich in der Rolle des abgekanzelten Schülers
gefiel, zu der Simon wieder kurz Stellung nahm, indem er Werfel als hoffnungslos undankbaren Fall abtat.

Im Jahre 1930 erschien, ebenfalls bei Zsolnay, eine Volksausgabe des Verdi-Romans. Werfel hatte ihn weitgehend umgear-
beitet. Er merzte stilistische Nachlässigkeiten aus und milderte
sein aggressives Pauschalurteil über die Kunst des Nordens und
ihre Repräsentanten. Wagner und Fischböck sind humaner und
dadurch sympathischer dargestellt. Beethoven ist nicht mehr
»der oberste aller Beelzebube«, sondern nur ein »Lucifer, der
den Höllensturz der Musik [...] vollzog«. Diese Volksausgabe
fand viele begeisterte Leser. Die seltene Begebenheit, daß ein
Roman zur Renaissance eines Opernkomponisten beiträgt, hatte
sich in diesem Fall tatsächlich eingestellt.

So verletzlich Werfel gegenüber der Kritik an seinen Werken war, so freigebig war er mit dem Lob für das Schaffen anderer. Die Ehrung, die er ARNO HOLZ zum 60. Geburtstag zu-
kommen ließ und die mit den Worten beginnt: »Arno Holz
gehört zu jenen seltenen und unheimlichen Gestalten der Gei-
stesgeschichte [...]«, ist charakteristisch für die Anerkennung,
die er so vielen aus vollem Herzen zuteil werden ließ (In:
»Arno Holz u. sein Werk«, hrsg. v. Ferdinand Avenarius, Max
Liebermann u. Max von Schillings, 1923, S. 30–31).

Esther, Kaiserin von Persien

Hs.: Arlt (108 SS.).
Entst.: 1914.
Erstdruck: Dr II.

Euripides oder über den Krieg

Hs.: ÖN Hs.-Sammlung Stefan Zweig.
Entst.: Dez. 1914.
Erstdruck: Dr II.

Die schwarze Messe

Hs.: UCLA (126 SS.).
Entst.: Frühjahr–Sommer 1919.
Erstdruck: Die schwarze Messe. Romanfragment. In: Genius II (1920), S. 255–279.
Heute: Er I.

Literatur:

PUTTKAMER, S. 41–42. COUSSENS, S. 16–22. SOKEL, S. 228–229, 260. LEA I, S. 14–19, 134–136.

Nicht der Mörder, der Ermordete ist schuldig

Hs.: Arlt (60 SS.), U. of Pennsylvania (S. 59–230).
Entst.: 1919.
Erstdruck: Nicht der Mörder, der Ermordete ist schuldig. Eine Novelle. München: Kurt Wolff 1920. 268 SS. = Der Neue Roman. 18.–22. Td., Herbst 1922.
Heute: Er I.

Literatur:

WILLI WOLFRADT, in: Freie Deutsche Bühne I, Nr. 40 (30. Mai 1920), S. 943–944. – ERICH MARCUS: Der Kampf der Generationen. In: Literarische Umschau (Beilage zur VZ), 20. Juli 1920. – MAX PIRKER: Neue Erzählliteratur. In: Österreichische Rundschau LXIV, Nr. 2 (15. Juli 1920), S. 83–84. – A. KOLNAI, in: Imago VII, Nr. 2 (1921), S. 218–221. – OSKAR KATANN, in: Der Gral XV, Nr. 516 (Febr. 1921), S. 271–272. – W. SCHUMANN: W.s »Mörder«. In: Der Kunstwart XXXIV, Nr. 6 (März 1921), S. 363–366. – FRITZ DEHNOW: Bücherbesprechungen. In: Zts. f. Sexualwissenschaft IX, Nr. 11 (Febr. 1923), S. 312–315. – PUTTKAMER, S. 16–18. – BRUNNER, S. 15–21. – GRENZMANN I, S. 275–276. – W. H. FOX: The Problem of Guilt in W.s »N. d. M.«. In: GL & L, XI, Nr. 1 (1957/58), S. 25–33. – MAHLER-WERFEL, S. 133–134. – LEA I, S. 27–31, 124–126, 136–140, 162–165, 210–217. – BLAUHUT, S. 119–121. – HILDEGARD EMMEL: Das Gericht in der Lit. des 20. Jh., 1963, S. 24–25. – SOKEL, S. 229, 266–268. – Siehe auch Glosse zu Er I, S. 296–297.

Spielhof

Hs.: UCLA (Erstfassung, 32 SS.).
Entst.: 1919.
Erstdruck: Spielhof. Eine Phantasie. München: Kurt Wolff 1920. 60 SS. = Dichtungen 7. ²1922.
Heute: Er I.

Literatur:

KARL STRECKER, in: Velhagen u. Klasings Monatshefte, XXXVI, Nr. 5 (Jan. 1922), S. 576–577. – SPECHT, S. 201. – PUTTKAMER, S. 33. – MAHLER-WERFEL, S. 125. – LEA I, S. 19–26, 146–148.

Die Mittagsgöttin

Hs.: SNM Marbach (2 Akte, S. 26–64), UCLA (3. Akt, 23 SS.).
Entst.: 1919.
Erstdruck: Als zweiter Teil des vierten Buches von »Der Gerichts-
tag«. Buchausgabe: Die Mittagsgöttin. Ein Zauberspiel. München:
Kurt Wolff 1919. 74 SS. = Dichtungen 6 (400 num. Exempl.) Son-
derausg. in 2000 Exempl., 6.–7. Td., 1923.
Heute: Dr I.

Literatur:

HUGO BIEBER: Jüngstes Drama – F. W. In: VZ, 5. Sept. 1923. –
PUTTKAMER, S. 31–33. – GRENZMANN I, S. 269. – KRÜGEL, S. 65–87.
– SOKEL, S. 74. – IAN C. LORAM: F. W.s »Die Mittagsgöttin«. In:
Foltin I, S. 57–68. – VOGELSANG, S. 123. – RÜCK, S. 29–37.

Spiegelmensch

Hs.: UCLA (Entwürfe), U. of Pennsylvania (S. 146–292 u. 5 SS.
Nachtrag).
Entst.: Febr. 1919–März 1920.
Urauff.: 15. Okt. 1921 im Alten Theater, Leipzig.
Erstdruck: Spiegelmensch. Magische Trilogie. München: Kurt Wolff
1920. 223 SS. = Dichtungen 8. 15. Td., 1928.
Heute: Dr I.

Literatur:

H.: F. W.s »Sp.«. In: Blätter des Burgtheaters I, Nr. 11/12 (1920),
S. 31–33. – WALTER BEHREND: Eine Faustische Dichtung F. W.s. In:
Neue Blätter f. Kunst u. Literatur III, Nr. 9 (1921), S. 115–116 u.
Nr. 10 (1921), S. 131–132. – OSKAR KATANN: F. W.: »D. Sp.« In:
Der Gral XVI, Nr. 3 (1921/22), S. 134–135. – OSKAR WALZEL:
F. W.s »Sp.«. In: BT, 15. April 1921. – R. K. GOLDSCHMID: F. W.s
Faust-Drama. In: Das Blaue Heft III, Nr. 6 (5. Nov. 1921), S. 162
bis 167. – GEORG WITKOWSKI: Echo der Bühnen. »Sp.« Leipzig. In:
Das lit. Echo XXIV, Nr. 5 (1. Dez. 1921), S. 277–279. – JULIUS BAB:
Deutsche Bühnenkunst. In: Die Hilfe XXVIII, Nr. 3 (1922), S. 41 bis
43. – LUTHER, S. 22–27. – ERICH MICHAEL: Leipzig. In: Das dt.
Drama V, Nr. 1 (1. Jan. 1922), S. 50–51. – HANS FRANCK: W.s »Sp.«.
In: Die Flöte IV, Nr. 11 (Febr. 1922), S. 328–332. – ALFRED POLGAR:
»Sp.« In: WB XVIII, Nr. 25 (22. Juni 1922), S. 626–629. – ROBERT
MUSIL: »Sp.« von F. W. In: PP, 26. April 1922, S. 4–5. – OTTO
SCHABEL: Hamburg. »D. Sp.« v. F. W. In: Die dt. Kritik II, Nr. 7
(7. Jan. 1925), S. 218–219. – CHANDLER, S. 431–432. – ANITA CAHN
BLOCK: Conflict within the Individual. In: The Changing World
in Plays and Theater (Boston), 1939, S. 134–137. – PUTTKAMER, S. 34
bis 35. – GRENZMANN I, S. 270–271. – FECHTER, S. 72–75. – KRÜ-
GEL, S. 87–93 u. passim. – SOKEL, S. 259–265 u. passim. – DUWE
Bd. 2, S. 347–350. – VOGELSANG, S. 123–125. – MEISTER, S. 24–43.

– RÜCK, S. 39–56. – ANNALISA VIVIANI: Das Drama des Expressionismus, 1970, S. 145–148.

Březina-Nachdichtung

Entst.: 1918–1919.
Erstdruck: Ottokar Březina. Winde von Mittag nach Mitternacht. In dt. Nachdichtung v. Emil Saudek u. Franz Werfel. München: Kurt Wolff 1920. 57 SS. = Neunter Drugulin-Druck der Neuen Folge. – Ottokar Březina. Musik der Quellen. Aus dem Tschechischen übertragen v. Emil Saudek unter Mitwirkung v. Franz Werfel. München: Kurt Wolff 1924.

Bocksgesang

Hs.: Stb. Wien (157 SS.), U. of Pennsylvania (176 SS.).
Entst.: 1920–1921.
Urauff.: 10. März 1922 im Raimundtheater, Wien.
Erstdruck: Bocksgesang. In fünf Akten. München: Kurt Wolff Herbst 1921. 159 SS. = Dichtungen 9. ²Frühjahr 1928.
Heute: Dr I.

Literatur:

MARTIN ROCKENBACH: Zum literar. Leben der Gegenwart. F. W.s »Bocks.«. In: Der Gral, XV, Nr. 11 (Aug. 1921). – ROBERT MUSIL: »Bocks.« v. F. W. In: PP, 15. März 1922, S. 3–4. – ALFRED POLGAR: F. W. »Bocks.«. In: PT, Nr. 60, 11. März 1922, S. 2–3. – ROBERT F. ARNOLD: Echo der Bühnen. In: Das lit. Echo XXIV, Nr. 15 (1. Mai 1922), Sp. 918–920. – RUDOLF KAYSER: Dramen-Rückschau. In: NR XXXIII, Nr. 8 (Aug. 1922), S. 913–915. – SPECHT, S. 235–240. – WILLIAM A. DRAKO: Guild to Present »Goat Song« for the First Time in America. In: NYHT, 24. Jan. 1926. – BROOKS J. ATKINSON: F. W.s Perplexing »Goat Song« in Colorful Performance, NYT, 7. Febr. 1926. – PATRICK KEARNEY: Reflections on Goat Song. In: The Sun (NY), 25. Febr. 1926. – CHANDLER, S. 433–435. – PUTTKAMER, S. 37 bis 38. – GRENZMANN I, S. 271–272. – GARTEN, S. 113. – KRÜGEL, S. 93 bis 126. – ADOLF D. KLARMANN: F. W. u. die Bühne. In: GQ XXXII, Nr. 2 (März 1959), S. 99–104; dass. in engl. Übersetzung: F. W. and the Stage. In: Foltin I, S. 50–56. – FRANK LAMBASA: F. W.s »Goat Song«. In: Foltin I, S. 69–82. – VOGELSANG, S. 125–126. – MEISTER, S. 94–103. – RÜCK, S. 57–73.

Arien

Hs.: Verstreut.
Erstdruck: Arien. Für Wolff Verlag, München, auf der Ernst Ludwig Presse zu Darmstadt im Herbst 1921 gedruckt. 40 SS. = Stundenbücher 9. (350 Exempl.).
Heute: LW.

Schweiger

Hs.: U. of Pennsylvania (124 SS.).
Entst.: 1922.
Urauff.: 6. Jan. 1923 im Neuen Deutschen Theater, Prag.
Erstdruck: Schweiger. Ein Trauerspiel. In drei Akten. München:
Kurt Wolff 1922. 152 SS. = Dichtungen 10. 1.–3. Td.
Heute: Dr I.

Literatur:

ST.: F. W. »Schw.«. Urauff. Samstag im Neuen deutschen Theater.
In: PT, 9. Jan. 1923, S. 2–3. – WALTER MICHALITSCHKE: Bühnen. In:
Die schöne Literatur XXIV, Nr. 4 (17. Febr. 1923), S. 75–76. –
ALFRED KERR: F. W.: »Schw.«. In: BT, 6. Okt. 1923. – OSKAR BIE:
Berliner Theater. In: PP, 9. Okt. 1923, 6: 1–3. – MONTY JACOBS:
F. W.s »Schw.«. In: VZ, 10. Okt. 1923, S. 2. – ALFRED POLGAR: W.
in Berlin, Čapek in Wien. In: PT, Nr. 238, 12. Okt. 1923, S. 2. –
ALBERT EHRENSTEIN: Rosmersholmgang. In: Bohemia, 21. Okt. 1923,
S. 8. – ROBERT F. ARNOLD, in: Das dt. Drama, 1925, S. 810–811. –
CHANDLER, S. 433. – HAROLD LENZ: F. W.s »Schw.« In: Monatshefte
XXVIII, Nr. 4 (April 1936), S. 168–172. – PUTTKAMER, S. 38–40.
– COUSSENS, S. 23–32. – FECHTER, S. 76–77. – KRÜGEL, S. 127–147.
– LEA I, S. 88–93, 149–151. – ARTHUR SCHNITZLER: »Schw.« von
W. – Kritisches aus dem Nachlaß. In: NR LXXIII, Nr. 2/3 (1962),
S. 228. – VOGELSANG, S. 126–127. – MEISTER, S. 104–119. – RÜCK,
S. 74–85.

Beschwörungen

Hs.: UCLA.
Entst.: 1922.
Erstdruck: Beschwörungen. München: Kurt Wolff Frühjahr 1923.
(= Dichtungen 11.) 1.–3. Td.

Literatur:

K[RELL]: F. W. »Beschw.« In: TB IV, Nr. 32/33 (11.–18. Aug.
1923), S. 1175. – MARTINA WIED: Neue Lyrik. In: Zeitwende I,
(1925), S. 432–433. – SPECHT, S. 249–257. – KLARMANN III, S. 18
u. passim. – M. ARNOLD, S. 78 u. passim. – JUNGE, S. 124–126, 163
bis 181, u. passim.

Verdi, Roman der Oper

Hs.: UCLA (Entwürfe, Notizen), U. of Pennsylvania (914 SS. und
726 SS.)
Entst.: 1911 bis Sommer 1923.
Erstdruck: Verdi. Roman der Oper. Berlin Wien Leipzig: Paul Zsolnay 1924. 570 SS. Ungekürzte, neu durchgesehene Sonderausg.,
1930. 603 SS. 180 Td.
Heute: Stockholm: Bermann-Fischer 1949. 521 SS. = Ges. Werke.

Literatur:

Franz Spunda: F. W.s »V.«. In: Orplid I, Nr. 7/8 (1924), S. 117 bis 118. – Adolf Weissmann: F. W.s »V.«-Roman. Das Problem der Oper. In: VZ, Nr. 282, 15. Juni 1924, Sp. 1, 2. – P. Z.: Roman um Verdi. In: Das dramatische Theater, Nr. 2 (Okt. 1924), S. 114 bis 116. – Hans Brandenburg, in: Die schöne Literatur XXV, Nr. 10 (23. Okt. 1924), S. 376–377. – Fritz Baader: W.s Verdi-Roman. In: Die Literatur XXVII, Nr. 5 (Jan. 1925), S. 270–272. – Oskar Bie: Bücher über Musik. In: NR XXXV, Nr. 2 (Febr. 1925), S. 195–197. – Albert Wellek: Kreuz u. quer. Verdi oder W.? ZfM XII, Nr. 12 (Dez. 1925), S. 739–741. – Lloyd Morris: Fact and Fable. In: SRL II (4. Jan. 1926), S. 475–476. – George C. Schoolfield: The Figure of the Musician in German Literature from Romanticism to the Present. Diss. Princeton Univ. 1949, S. 328–337. – Puttkamer, S. 66 bis 75. – Heinz Liepmann: W. oder das Opfer der Oper. In: WB XXV, Nr. 52 (24. Dez. 1929), S. 953–955. – Brunner, S. 21–36. – Hermann Fähnrich: Verdi in der Deutung F. W.s. In: NZfM CXX, Nr. 5 (Mai 1959), S. 258–261. – Ders.: Zauber der Opfer. Eine Studie zu F. W.s Romanen. In: Musica XV (9. Sept. 1961), S. 476–480. – Ders.: Verdi »Re Lear«. In: NZfM CXXIII, Nr. 7/8 (1962), S. 325–328. – Ders.: Die beiden Fassungen von F. W.s Verdi-Roman (1924/1930). In: NZfM CIII, Nr. 11 (März/April 1963), S. 76–80. – Klarmann II, S. 22–23. – Lea I, S. 31–41, 120–123. – Mittenzwei, S. 305–307. – Sokel, S. 167–169, 186–187, 258–259, 271 bis 275, 277–278. – Welzig, S. 77–78.

Debatte mit Heinrich Simon:

Heinrich Simon: Steine des Anstoßes in W.s »V.«-Roman. In: TB VI (28. März 1925), S. 457–460. – Franz Werfel: Ein Tadelzettel. Entgegnung auf Heinrich Simons »Steine des Anstoßes in W.s »V.«-Roman«. Ebda. VI (2. Mai 1925), S. 639–642. – Heinrich Simon: Antwort. Ebda. VI (2. Mai 1925), S. 641–642.

Gesamtdarstellung bis einschließl. »Verdi«:

Edward Goldbeck: F. W. In: Reflex (NY) II, Nr. 3 (März 1928), S. 33–39.

4. Die Jahre bis zum Anschluß Österreichs (1925–1938)

Nach fünfwöchigem Aufenthalt kehrte Werfel Mitte Juli 1924 aus Venedig nach Breitenstein zurück. Der in Venedig gefaßte Plan zu einem Drama »Der Aufruhr der Toten« gedieh nicht zur Reife, denn der Dichter wandte sich nach einer Pause von etwa zwei Monaten aufs neue dem Stoff von »*Juarez und Maximilian*« zu, dessen letzte Fassung er nach eigener Tagebucheintragung (UCLA) am 9. September 1924 beendete. Wer-

fel, der immer wieder das Geheimnis der sich gleichzeitig absto-
ßenden und anziehenden Gegensätze zu ergründen suchte, nahm
einen geschichtlichen Vorgang zum Gegenstand seiner »dramatischen Historie«. Das Stück spielt 1865–1867 in Mexiko. Ferdinand Maximilian, der jüngere Bruder Kaiser Franz Josephs,
der sich durch Napoleon III, sowie Geschäftemacher und Spe-
kulanten dazu verleiten ließ, das lorbeerumwachsene Schloß
Miramar an der Adria zu verlassen, um die Kaiserkrone von
Mexiko anzunehmen, ein Unternehmen, das schließlich mit seiner standrechtlichen Erschießung endete, wird von Werfel zu
einer »Personifizierung des echten und großen Königsgedankens«
(T) erhoben. Maximilians Gegenspieler, der Indianer Juarez,
der rechtmäßige Präsident der Republik Mexiko, erscheint nicht
auf der Bühne. Nur im Dialog der anderen Personen wird seine
unheimliche Figur lebendig. Charlotte, die unselige Gemahlin
Maximilians lebte noch, als Werfel das Stück schrieb und während es über die Bühnen ging. Im Chateau zu Bouchoup in der
Nähe Brüssels dämmerte sie in geistiger Umnachtung dahin und
wähnte in ihren Größenwahnvorstellungen den toten Maximilian als Herrn der Erde.

Die Uraufführung des Stückes fand am 20. April 1925 in Magdeburg statt, doch waren es die Inszenierungen Max Reinhardts, die
dem Stück zu durchschlagendem Erfolg verhalfen. In Wien wurde das
Werk im Theater in der Josefstadt am 26. Mai 1925 in Star-Beset-
zung gegeben (Paul Hartmann, Helene Thimig, Jacob Feldhammer,
Oskar Homolka wirkten u. a. mit). Alfred Kunz schuf für die Maxi-
milian-Szenen ein prunkvolles Bühnenbild, das mit dem öden Grau
der Juarez-Szenen kontrastierte. Wie mir Alma Mahler-Werfel ver-
sicherte, legte Werfel auf historisch richtige Kostüme großen Wert,
so daß ein Fachmann herangezogen wurde. Am 29. Januar 1926
brachte Reinhardt das Stück im Deutschen Theater in Berlin. Einige
der Schauspieler der Wiener Aufführung wirkten mit; hinzu kamen
Ernst Deutsch (Werfels Freund aus der Prager Gymnasialzeit) als Diaz
und Sybille Binder als Charlotte. Werfel fühlte sich durch eine Rezen-
sion im sozialistischen ›Vorwärts‹ mißverstanden und schrieb an die
Zeitung, daß er überzeugter Republikaner sei und daß er »ein we-
sentliches Gesetz tragischer Kunst erfüllt habe, Gerechtigkeit«. (›Vorwärts‹, Nr. 572, Abend-Ausg., 4. Dez. 1924, S. 2).
Nach PAUL FECHTERS Deutung ist Maximilian »im Grunde ein Spiegelmensch, der erst im Tode, im Unglück zu Wesen und Wirklichkeit
kommt, der an Juarez und seinen Leuten zerbrechen muß, weil sie aus
dem Unmittelbaren leben« (S. 78). DUWE erblickt in dem Stück eine
Auseinandersetzung mit dem Führerproblem, das Werfel noch in späteren Dramen (»Paulus unter den Juden« und »Das Reich Gottes
in Böhmen«) beschäftigen sollte. (Bd. 2, S. 350.)

Am 15. Januar 1925 fuhren Alma Mahler und Werfel von Wien nach Triest, von wo aus sie mit der ›Vienna‹ eine Seereise nach Ägypten und Palästina unternahmen. Sie besuchten u.a. Brindisi, Alexandria, Kairo, Memphis, Luxor, Karnak, Theben und die historisch-religiösen Städte in Palästina. Werfels Tagebuchaufzeichnungen sind zum Teil in Klarmanns Buch »Reich der Mitte« veröffentlicht. Die Gestaltung eines Reiseerlebnisses in Kairo, »Die tanzenden Derwische«, erschien in ›Ewige Gegenwart‹ 1928. Unzählige Anekdoten spinnen sich um diese Reise. Von Werfels Ankunft am Bahnhof in Jerusalem und seiner Begrüßung durch den dortigen Dienstmann berichtete das ›Berliner Tageblatt‹ vom 16. Mai 1925. Angeregt von den Eindrücken der Reise begann Werfel im Sommer des Jahres 1925 an seinem Drama »Paulus unter den Juden« zu arbeiten. Er stellt darin den entscheidenden Augenblick dar, in dem sich das Christentum für immer vom Judentum löste. Den Untertitel »Dramatische Legende« wählte er wohl aus dem gleichen Grunde wie er »Juarez und Maximilian« eine »Dramatische Historie« genannt hatte. Er versuchte eine Verschmelzung von epischen und dramatischen Elementen zu erreichen, wobei diese durch jene verfremdet werden sollten (siehe auch S. 114). Der Ende August 1926 bei Zsolnay erschienenen Buchausgabe des Stückes ist ein »Argument« beigefügt, in dem Werfel die Prinzipien darlegt, nach denen das Drama konzipiert wurde. Und in einem Interview mit Berta Zuckerkandl-Szeps sagte er: »Ich schreibe [...] immer im Gegensatz zu Thesenstücken. Das gehört eben zu meinem Glauben an das Drama als dialektische Form.« (›Neues Wiener Journal‹, 1926.)

Die »dramatische Legende in sechs Bildern« wurde am 3. Oktober 1926 gleichzeitig im Lobe-Theater in Breslau, im Stadttheater in Bonn, im Schauspielhaus Dumont-Lindemann in Düsseldorf, im Schauspielhaus in Köln und im Prinzregententheater in München uraufgeführt. Werfel wohnte der Düsseldorfer Aufführung bei. Der Erfolg des bühnensicheren »Juarez und Maximilian« war diesem Männerstück ohne jede Erotik nicht beschieden. Trotzdem ist es eines der wenigen Dramen des Dichters, das nach 1945 in Deutschland wieder gespielt wurde.

In Wien war Werfel häufiger Gast im Café Central in der Herrengasse, das sich als »Säulensaal« in seinem Roman »Barbara oder die Frömmigkeit« wiederfindet. Nach 1925 war es dann besonders das Café Herrenhof, das Werfel besuchte; dort traf er alte Prager Bekannte wieder, die jetzt in Wien lebten, wie Ernst Polak und Leo Perutz. Im Café Herrenhof lernte er

auch den jungen FRIEDRICH TORBERG kennen, für dessen Erst-
lingsroman »Der Schüler Gerber hat absolviert« (1930) er sich
wegen der thematischen Verwandtschaft mit seinem »Abituriententag« sehr interessierte. Torberg wurde später in der Emigration zu einem der engsten Vertrauten Werfels.

Am 15. Januar 1926 wurde Werfel mit dem Grillparzerpreis
für »Jurarez und Maximilian« ausgezeichnet und am 27. Oktober 1926 zum Mitglied der Preußischen Akademie der Künste,
Abteilung für Dichtkunst ernannt. Seine literarische Geltung
und Popularität hatte einen Höhepunkt erreicht. Bei einer Abstimmung unter Lesern einer literarischen Zeitschrift erhielt er
mehr Stimmen als Gerhart Hauptmann, George und Rilke
(Mitteilung in ›Die schöne Literatur‹, Nr. 7, Juli 1926). Im
Sommer dieses Jahres schrieb er die Fragment gebliebene Erzählung »*Pogrom*«, die man wegen ihres erneuten Interesses an
den Problemen des Judentums als Nachklang der Palästina-Reise
werten darf. Sie weist auf spätere Werke voraus: auf »Barbara«, (1929), den Jeremias-Roman (1937) und auf »Cella«
(1938). Ebenfalls 1926 erschien der Essay »*Das Bildnis Giuseppe Verdis*«, als Einleitung zu einer von dem Musikwissen-
schaftler Paul Stefan übersetzten und herausgegebenen Ausgabe
von Verdis Briefen. Werfels einleitender Essay zeigt von neuem
seine grenzenlose Bewunderung für den italienischen Komponisten, dessen geniale Größe er mit der ganzen Kraft seiner Über-
zeugung darstellt; man kann fast sagen, daß er ihn zu einem
Heiligen erhebt.

Die Bewunderung für Verdi führte Werfel auch zur Nach-
dichtung und Bearbeitung von drei Verdi-Libretti, die er in den
Jahren 1926, 1928 und 1931 durchführte. Zuerst versuchte er
das Textbuch von »La Forza del Destino« zu modernisieren.
Dieses Werk, das Verdi nach »Un Ballo in Maschera« und vor
»Don Carlos« komponierte, wurde nach Werfels Ansicht zu
Unrecht nur selten aufgeführt. Den Grund dafür sah er in dem
verworrenen Libretto von Francesco Maria Piave und in der
noch unzulänglicheren Übersetzung von Johannes Christoph
Grünbaum. Schon im Verdi-Roman war ein Kapitel der Aufführung von »*Die Macht des Schicksals*« gewidmet. Denn gerade diese Oper schätzte Werfel, der in seinem Roman Verdi in
einer Zeit der inneren Auseinandersetzungen und Zweifel schil-
dert, aus der er gewandelt und wiedergeboren hervorgeht (darin spiegelt sich das expressionistische Ideal des »neuen Menschen« wider). Werfel sah seine erste Aufführung von »La For-

za del Destino« im Teatro Morgana in Rom unter denkbar ungünstigen Umständen, mit winzigem Orchester, schlechter Besetzung und einer wegen Elektrikerstreik nur von Kerzen beleuchteten Bühne. Trotzdem war er so tief beeindruckt, daß er beschloß, diese Oper für die deutsche Bühne zu bearbeiten. Im Jahre 1926 erschien bei Ricordi »Die Macht des Schicksals. Dem Italienischen des F. M. Piave frei nachgedichtet und für die deutsche Opernbühne bearbeitet von Franz Werfel«. Das blutrünstige Sujet mußte Werfel natürlich beibehalten, doch änderte er zum Teil die Szenenfolgen, um die Handlung weniger verwirrend zu gestalten. Die größte Freiheit, die er sich nahm, war, daß er die Oper in einen Prolog vor der Ouvertüre und drei Akte einteilte. Die Erstaufführung fand am 30. März 1925 in der Dresdner Staatsoper statt. Die musikalische Leitung hatte Fritz Busch, die Regie führte Alois Mora.

Im großen und ganzen war die Kritik sehr zustimmend. Julius Korngold sagte: »Werfels Eingreifen verdient auf alle Fälle Dank«. (»Trierer Theaterblätter«, Nr. 10, 1. Februar 1929). Hans Kralik lobte »Werfels Verdienste um die Sache« (»Neues Wiener Tagblatt«, Nr. 327, 28. Nov. 1926). Anders verhielt sich ALFRED HEUSS. In seinem Artikel »Über Verdis Oper: Die Macht des Schicksals und ihre verunglückte Bearbeitung durch Franz Werfel« nannte er dessen Arbeit eine »verständnislose Übersetzung«, »einen Sprung vom ethisch Wertvollen ins Gemeine, eine häßliche Vergewaltigung«. Der Grund dafür wird in seinem späteren Artikel klar. »Weg mit der Werfelschen Bearbeitung von Verdis ›Die Macht des Schicksals‹« erschien kurz nach Hitlers Machtergreifung (der erste Artikel erschien in der ›Zeitschrift für Musik‹, Nr. 1, Januar 1927, der zweite in derselben Zeitschrift, Nr. 11, November 1933). Nun konnte Heuß offen aussprechen, was ihn an Werfels Übersetzung so irritierte, nämlich, daß sie von einem Juden stammte. Werfel habe das Werk »spezifisch jüdisch« umgedeutet, und dies sei ein Schulbeispiel »für die sattsam bekannte Tatsache, wie ausgeprägte und hemmungslose Juden etwas ihnen Wesensfremdes [...] von ihrem eigenen Blute durchdringen lassen«. – Werfels Bearbeitung hat sich auf der Opernbühne nicht halten können; nach 1945 kehrte man durchwegs wieder zum Verdi/Piaveschen Original zurück.

Rilkes Tod am 29. Dezember 1926 gab den Anlaß zu einem Aufsatz »Begegnungen mit Rilke«, der in ›Das Tage-Buch‹ vom 22. Januar 1927 erschien. Im selben Jahr publizierte Werfel auch seine Erzählung »*Der Tod des Kleinbürgers*« und den Band »*Geheimnis eines Menschen*«, der neben der Titelerzählung noch die Erzählungen »Die Entfremdung«, »Die Hoteltreppe« und »Das Trauerhaus« enthielt. Der historisch-soziologische Hintergrund der die einzelnen Nationen übergreifenden österreichisch-ungarischen Monarchie stellt das einigende Element des Bandes dar. Auch die Motive und Themen, die Werfel schon früh ans Herz gewachsen waren, griff er erneut auf: die Kindheit, die Erfahrung der Fremdheit, den Tod, das Jenseits im Diesseits. Eine Fülle farbiger Einzelheiten, oft von ironischen Lichtern umspielt, vermittelt das Fluidum persönlicher Erfahrung. Besonders »Das Trauerhaus« prägt sich durch seine Mischung von Komik inmitten der Tragik ein.

Dieses einigende Element übersieht Franz Brunner, wenn er behauptet: »Diese vier Novellen stehen ohne thematischen Zusammenhang nebeneinander. Die innere Zusammenhangslosigkeit und Verschiedenartigkeit dieser Werke ist charakteristisch für Werfel. So verhält es sich mit seinem gesamten Schaffen. Sein Werk gleicht nicht einem einheitlichen Bau, wo jeder Teil – bewußt oder unbewußt – auf das Ganze abgestimmt erscheint, sondern einem kunterbunten, disparaten Mosaik, das ohne Grundkonzeption, ohne Leitidee zusammengesetzt worden ist« (S. 37). Ganz im Gegensatz zu dieser Ansicht stimmen wir Klarmann bei, der in Werfels Werk viele Stationen sieht, die »aber eben nur Stationen dieses in sich selbst mündenden Kreises bleiben« – Klarmann I, S. 9).

Die amerikanische Ausgabe dieser Erzählungen, die außerdem »Kleine Verhältnisse« und die Romane »Der Abituriententag« und »Nicht der Mörder, der Ermordete ist schuldig« enthält, erschien 1937 bei Viking in New York als »Twilight of the World«, übersetzt von H. T. Lowe-Porter. Zu den einzelnen Stücken dieses Bandes schrieb Werfel während eines Aufenthalts in Locarno 1936 einleitende Bemerkungen, die in Auswahl deutsch von Klarmann abgedruckt wurden (Er I, II). Außerdem enthält die amerikanische Ausgabe als Prolog »An Essay upon the Meaning of Imperial Austria«. Ein Auszug des deutschen Originaltextes erschien 1951 in Eduard Castles »Dichter und Dichtung aus Österreich«.

Während des Frühlings 1927 waren Werfel und Alma Mahler bei einem Aufenthalt an der italienischen Riviera viel mit Hermann Sudermann zusammen, der ihnen über seine harte Jugend erzählte. Dies gab die Anregung zu dem Roman »*Der Abituriententag*». Werfel begann das Werk in Santa Margherita Ligure und beendete es im Sommer des gleichen Jahres in Breitenstein. Wieder ersteht das Prag aus Werfels Jugendzeit, und Franz Adler, der Protagonist des Romans, trägt autobiographische Züge. »Der Abituriententag. Die Geschichte einer Jugendschuld« erschien 1928. Der überwältigende Erfolg des »Verdi«-Romans war diesem Buch nicht beschieden, doch fand es starken Anklang bei der Kritik wie beim Publikum. Am 8. Juli 1927 besuchte Hugo von Hofmannsthal Werfel auf dem Semmering und las eine Fassung seiner Tragödie »Der Turm« vor, die Werfel stark beeindruckte. Zwischen Werfel und Hofmannsthal bestand eine Art distanzierter Freundschaft; ein so herzliches Verhältnis wie es zwischen ihm und Schnitzler herrschte, wurde nie daraus.

In diesem Sommer stellte Werfel auch einen Sammelband seiner Gedichte zusammen, der Verse aus »Der Weltfreund«, »Wir sind«, »Einander«, »Der Gerichtstag«, »Beschwörungen« sowie eine Auswahl neuer Gedichte enthält und als erster Band der Zsolnay-Ausgabe seiner Gesammelten Werke erschien. Im »Nachwort«, datiert »Breitenstein, im Sommer 1927« bekennt er, daß ihm viele dieser Gedichte wie aus einem anderen Leben vorkämen. »Um so mehr« – heißt es dann weiter – »erfüllt es uns mit Überraschung, wenn wir sehen, daß wir unsere wahrsten und wesenhaftesten Erkenntnisse nicht gewechselt haben, also immer die Gleichen geblieben sind.«

Bei einer Rundfrage über die Diskretion und Freiheit des Dichters war auch Werfel unter den Befragten. Die Enquete mit dem Titel »Darf der Dichter in seinem Werk Privatpersonen porträtieren?« erschien in ›Die literarische Welt‹ III, Nr. 38 vom 23. September 1927 und enthielt neben Werfels Antwort auch Äußerungen von Heinrich und Thomas Mann, Max Brod, Theodor Lessing, Stefan Zweig und anderen. Eine weitere kleinere Arbeit dieses Jahres war der Aufsatz »Zur Ehrenrettung Sudermanns«, der ebenfalls in ›Die literarische Welt‹, III (7. Oktober 1927) erschien. Außerdem entstand die Erzählung *»Kleine Verhältnisse«*, die thematisch zum Kreis der 1926 verfaßten gehört (sie erschien 1930).

Werfel trug sich damals mit dem Gedanken eine Sammlung von Essays zu veröffentlichen, die er »Die Krisis der Ideale« nennen wollte. Jedoch kam es nicht dazu. Einzig das Kapitel *»Der Snobismus als geistige Weltmacht«* wurde 1928 im Jahrbuch des Paul Zsolnay Verlags gedruckt. Werfel setzt sich darin mit dem Zeitgeist auseinander und entwickelt seinen Begriff des Snobs, dessen Hauptcharakteristik in seiner Gesinnungslosigkeit zu sehen ist. Alles Übel der modernen Gesellschaft sei nichts anderes als »die Agonie der materialistischen Weltanschauung«. In diesem Jahr (1927) erhielt Werfel zusammen mit Hermann Burte und Fritz von Unruh den Schiller-Preis; außerdem wurde er mit dem Tschechoslowakischen Staatspreis ausgezeichnet.

Anläßlich der Berliner Aufführung von Verdis »Luisa Miller« veröffentlichte er am 10. Dezember 1927 in der ›Vossischen Zeitung‹

einen Aufsatz »*Verdis dunkle Epoche*«, in dem er wiederum Verdi als den Shakespeare der dramatischen Oper verherrlichte.

Während eines Besuches in Paris im Frühjahr 1928 entwarf er den Plan zu seinem Roman »*Barbara oder die Frömmigkeit*«. Er schrieb die zwei ersten »Lebensfragmente« des Werkes im Sommer 1928 in Breitenstein, die zwei letzten im Winter 1929 in Wien und Santa Margherita Ligure. Seine tschechische Kinderfrau, Barbara, deren Gestalt er schon in lyrischen Gedichten beschworen hatte, ist mit Namen im Titel des Romans verewigt. Die heilige Barbara ist traditionsgemäß die Schutzpatronin der Artillerie, Werfels militärischer Truppe. Doch sind in dem Buch verhältnismäßig wenige Stellen der Titelfigur gewidmet, deren selbstlose Liebe und natürliche Frömmigkeit ein Gegengewicht gegen den Zusammenbruch der Monarchie, den Krieg und die Revolution bilden. Werfel unterbrach die Arbeit an dem Roman im Sommer 1928, als Lilli Cappelini, Arthur Schnitzlers Tochter, Selbstmord verübte. Aus seiner Arbeit einmal herausgerissen, konnte er sich nur schwer wieder hineinfinden, zumal er in Wien, wo Almas Salon ein Treffpunkt des künstlerischen, wissenschaftlichen und politischen Lebens war, sich auch zu leicht ablenken ließ. Darum unterbrach er im Herbst 1928 die Arbeit an »Barbara« vorübergehend und nahm in Zusammenarbeit mit dem Wiener Regisseur LOTHAR WALLERSTEIN die Nachdichtung von Verdis »Simone Boccanegra« in Angriff. Außerdem verfaßte er einen Artikel zum 50. Geburtstag des Schriftstellers Albert von Trentini für die ›Literarische Welt‹ (IV, vom 12. Oktober 1928).

»*Barbara*« war das umfangreichste Werk, das Werfel bis zu diesem Zeitpunkt geschrieben hatte. Die handschriftliche Reinschrift von 777 Seiten trägt den Titel »Barbara oder die Frömmigkeit. Ein Leben in vier Fragmenten. Roman. Die II Niederschrift«. Das Buch erschien 1929. Das moralische und zeitkritische Engagement dieses tragischen Romans vom Schicksal und Untergang Österreichs fand bei den Zeitgenossen einen starken Widerhall. In dem revolutionären Treiben der Kaffeehausliteraten, besonders dem des bösen Narren Gebhardt, der das Mutterrecht wieder einführen will und sein eigenes Kind zugrundegehen läßt, hat Werfel ein Milieu beschrieben, das nur aus der Zeitsituation heraus zu verstehen ist. In dem an autobiographischen Elementen reichen Roman hat er manche seiner Bekannten porträtiert. Der Dichter Otfried Krzyzanowski erscheint in der Maske des Gottfried Krasny, wobei die Ironie des Namens nur denen, die tschechisch verstehen, klar wird, denn »krásný« heißt auf tschechisch »schön« und Krzyzanowski war ein sehr häßlicher Mensch. Werfel zitiert im Buch zwei Gedichte dieses 1918 in Wien in größter Not verstorbenen Lyrikers. In der Gestalt Basils gibt er eine Karikatur von Franz Blei.

KASIMIR EDSCHMID nannte den Roman ein »Buch von tolstoischem Atem« (›FZ‹, 3. November 1929). PAUL EISNER schrieb: »Werfels Barbara ist im eigentlichsten und ungeschmälertsten Sinne der Hort der Welt, der sinnbildliche Rettungsanker einer in Wahnsinn und Teufelei versinkenden Menschheit« (›Prager Rundschau‹, I, 1931). ISRAEL STAMM erfaßt in einem späteren und aus der größeren Distanz klarer sehenden Artikel die Entwicklung von Werfels früherer Religion der Verbrüderung zu der in »Barbara« offenbaren Einsicht, daß diese allein nicht zur Heiligung und Erlösung führen könne. Stamm spricht von »a shift of emphasis in Werfel's religious attitude from a social, humanitarian idealism to a greater concern for his own private contacts with God« (»Religious Experience in Werfel's Barbara«, PMLA LIV, Nr. 1, März 1939, S. 332–347). SOKEL schließlich urteilt: »Nach Werfel liegt einem jeden missionarischen Impuls das Begehren zugrunde, andern sein Ich aufzuzwingen. Jedes System einer Welterlösung ist eine versteckte Form von Selbstverherrlichung. Jeder, der glaubt, er habe eine Mission zu erfüllen, drückt damit stillschweigend seine angemaßte Überlegenheit über die Mitmenschen aus« (S. 258).

Am 8. Juli 1929 heirateten Werfel und Alma Mahler. Eine Woche später erreichte sie die Nachricht vom Tod Hugo von Hofmannsthals. Während der Vorbereitungen zu dem Begräbnis seines Sohnes Franz, der Selbstmord verübt hatte, war Hofmannsthal einem Schlaganfall erlegen. Werfel schrieb unter dem Eindruck dieser Ereignisse einen Gedenkartikel »Hofmannsthals Tod« (NFP, 21. Juli 1929). Nach Vollendung des Romans »Barbara« begab er sich mit seiner Frau zum zweiten Mal nach Ägypten und Palästina. Sie besuchten Kairo, Jerusalem, Damaskus, Baalbeck und Beirut. Während ihres Aufenthaltes in Damaskus war Werfel vom Anblick halbverhungerter armenischer Waisenkinder erschüttert und begann sich lebhaft für das Schicksal der Armenier zu interessieren. Schon damals faßte er die Idee zu seinem Roman »Die vierzig Tage des Musa Dagh«. Den Spätwinter des Jahres 1929 verbrachten sie beide in Santa Margherita. Eines Abends, während Werfel in Genua eine Opernaufführung besuchte, hatte Alma ein langes Gespräch mit einer Italienerin, die im gleichen Hotel wohnte. Alma erzählte dann ihrem Mann die abenteuerliche Lebensgeschichte dieser Frau, und sie wurde zur Vorlage der Fabel des Romans »Die Geschwister von Neapel«.

Am 12. Januar 1930, einem Sonntag, fand die Erstaufführung von Werfels Umdichtung des »*Simon Boccanegra*« in der Wiener Staatsoper statt. Die musikalische Leitung hatte Clemens Krauß; Regie führte Lothar Wallerstein, der Mitarbeiter am Libretto. Die Oper, deren Titelheld eine historische Figur aus der Geschichte Genuas ist, hat die Kämpfe zwischen Patriziern und Plebejern zum Inhalt, und dieses soziale Thema interessierte Werfel. Außerdem handelt es sich wieder wie bei »Die Macht des Schicksals« um ein Übergangswerk in Verdis Entwicklung.

Am 26. März 1930 fuhr Werfel nach Venedig. Dort konzipierte er ein Werk, dessen erster Einfall ihm nach eigener Aussage schon vor dem ersten Weltkrieg gekommen war. Nach der Rückkehr ging er mit neuem Schwung an die Ausführung dieses Werkes, des historischen Dramas »*Das Reich Gottes in Böhmen. Tragödie eines Führers*«. Schon 1926 hatte er erste Skizzen dazu entworfen, dann aber schoben sich andere Pläne und Arbeiten vor; im Sommer 1930 schrieb er die letzte Fassung innerhalb von fünf Wochen in Breitenstein nieder, nachdem er das Drama fünfmal umgeändert hatte. Das Stück, als Gleichnis der Gegenwart gedacht, spielt während der Hussitenkriege im ersten Drittel des 15. Jhs. Aus den historischen Quellen erfahren wir, daß unter der Führung Prokops des Großen, des Führers des radikalen Flügels der Hussiten (genannt Taboriten), der geistig seinen Vorgänger, den beim Volke so beliebten einäugigen Žižka übertraf, das letzte Kreuzheer in der Schlacht bei Taus 1431 vernichtend geschlagen wurde. Der päpstliche Kardinallegat Julius de Cesarini hatte es angeworben. In Prokop und Cesarini war die von Werfel so bevorzugte antithetische Konzeption des Dramas gegeben. Dies mag einer der Gründe sein, warum Werfel Prokop, nicht Hus oder Žižka, zum Protagonisten seines Dramas machte. Außerdem reizten Werfel die großen Vordergrundfiguren weniger »als die rätselhaften Helden, die gleichsam wie ein Relief an der Felswand der Geschichte stecken geblieben und nicht zur vollen Plastik gekommen sind«, wie er selbst kommentierte (»Das Reich Gottes in Böhmen«, Witiko III, 2, 1931; wiederabgedruckt aus der PP). Über den tieferen Sinn der Tragödie äußerte der Dichter: »Zwischen religiöser Hoffnung und politischer Wirklichkeit kann es kein Kompromiß geben«.

Das Drama erschien noch 1930 im Druck und wurde am 6. Dezember desselben Jahres im Wiener Burgtheater uraufgeführt. Alma Mahler-Werfel berichtet von den erbitterten Kämpfen während der Proben, bei denen »Franz Werfels Weherufe« (S. 221) beim Regisseur ALBERT HEINE kein Gehör fanden. Die Kritik warf Werfel Unentschiedenheit vor. »Franz Werfel weicht dem Entscheidungskampf der Ideen, deren Träger die zwei Hauptgestalten seines Dramas sind, geflissentlich aus. [...] Wo alles Konflikt sein müßte, strebt Werfel unaufhörlich nach Synthesen, er bringt die Gegner einander menschlich nahe, statt sie voneinander zu entfernen« (HANS SASSMANN in: NWJ, 7. Dezember 1930). ERNST DECSEY warf ihm sogar vor, er sei »standpunktlos« (E[rnst] D[ecsey] in NWJ, Nr. 336, 7. Dezember 1930). Werfel trug der Kritik diesen Mangel an Verständnis sehr nach. Daher begrüßte er eine Einladung des NWT, zu den grundsätzlichen Fragen der Dramaturgie Stellung zu nehmen. »Wenn man mich fragt, ob es nicht ein dramatischer Fehler sei, daß ich selbst mich in meinem Stück weder für die eine noch für die andere der kämpfenden Parteien der Weltanschauungen entschieden habe, so antworte ich: Keine größere Sünde gegen den Geist der Tragödie gibt es, als eine derartige Entscheidung. Jede Parteinahme beruht auf Affekten, meist sogar auf den minderwertigen Affekten der Zugehörigkeit und des Interessentums. Tragödie aber ist gestaltete Gerechtigkeit.« (»Historisches Drama und Gegenwart«, NWT, Nr. 342, 14. Dezember 1930). – HELGA MEISTER lenkt die Aufmerksamkeit auf das Komische inmitten des Tragischen (S. 199), das damals nur ausnahmsweise hervorgehoben wurde, so von ROBERT F. ARNOLD, der von der Tragödie schrieb: »Ihr unleugbarer streckenweise unwiderstehlicher Reiz beruht auf der Exotik spätmittelalterlichen Tschechentums (an dessen Umwelt und Wesen offenbar Jugenderinnerungen des Poeten haften), auf dem zwischen Büchner und Shaw, zwischen zynischem Pathos und weltmännischer Ironie, zwischen Kulturbild und Anachronistik schillerndem Stil« (›Das literarische Echo‹, XXXIII, 1931, S. 278). Das Groteske als Stilelement, das die Tragik umso stärker wirken läßt, wurde damals noch nicht erkannt. Auch auf die Bedeutung der Simultanszenen im Konzilakt, bei denen es sich um eine Art epischen Theaters handelt, wurde von der Tageskritik nicht genügend hingewiesen. Hingegen war sich der Bühnenbildner Oskar Strnad, der mit transparenten Prospekten arbeitete, offenbar dieser Bedeutung ganz bewußt. Die Parallele zwischen dem theokratischen Kommunismus der Taboritengemeinde und dem zeitgenössischen Kommunismus wurde mehrfach hervorgehoben, während die metaphysischen Aspekte des Dramas nur ungenügendes Verständnis fanden. Da der Nationalsozialismus in Deutschland bereits seine Schatten vorauswarf, erlebte »Das Reich Gottes in Böhmen« in der Gesamtzahl weniger Aufführungen als die bisherigen Dramen Werfels. Unter dem Titel »Vertschechung ... des Burgtheaters in Wien« schrieb der ›Völkische Beobachter‹, (Reichsausg., Nr. 283) am 28. November 1930: »Uraufführung von Franz Werfels neuen dramatischen Werkes »Das Reich Gottes in Böhmen« am 6. Dezember. Franz Werfel ist bekanntlich ein tschechischer Jude, der nicht nur ein schauerliches

Deutsch schreibt, sondern auch durch seine schamlosen Angriffe auf Beethoven und Wagner sich einen Namen machte. Daher ein Liebling des Burgtheaterdirektors Anton Wildgans«.

Im März 1931 übersiedelten Franz und Alma Werfel aus ihrer Wohnung in der Elisabethstraße 22 in ein großes Haus in der Steinfeldgasse 2 auf der exklusiven Hohen Warte in Wien. Werfels Wunsch nach einem geräumigen Arbeitszimmer ging so in Erfüllung, doch machte er eigentlich wenig Gebrauch davon, weil er seine meisten Werke in Hotelzimmern in der Nähe Wiens, in Breitenstein oder in Italien schrieb. Im Februar 1929 begann er in Santa Margherita mit der Ausarbeitung seines Romans »*Die Geschwister von Neapel*«. Im Juni beendete er die erste, im September die zweite Niederschrift. Er nannte den Roman »ein Märchen der Vaterschaft und der Geschwisterliebe« und faßte dessen künstlerisches Anliegen in den Satz zusammen: »Die Aufgabe der Kunst ist es, der Welt Gottes ein Gleichnis entgegenzustellen«. Der Roman erschien 1931. Wie kaum ein zweites Werk Werfels, ist dieser Roman »aus dem Geiste der Musik«, genauer: aus dem Geist der Oper erwachsen. PUTTKAMER verweist auf die strukturelle Analogie zur Oper, die so weit gehe, daß man die einzelnen Personen in stimmliche Kategorien wie Baß, Tenor, Falsett usw. einreihen könne (S. 76). SCHMIDT-WEYLAND zieht aus der Namensymbolik (z. B. Grazia = voll der Gnaden) Schlüsse auf den ganzen Roman; Lauro und Grazia seien aufeinander bezogen wie Opfer und Gnade. KLARMANN betont die Bedeutung der Planetensymbolik. In der Darstellung des Faschismus, den Werfel bei seinen jährlichen Aufenthalten in Italien kennengelernt hatte, zeigt sich die zunehmende Beschäftigung des Dichters mit der politischen Gewalt, die er später in »Die vierzig Tage des Musa Dagh« mit großer Sensibilität gestaltet hat.

Am 6. Mai 1931 hielt Werfel im Kulturbund in Wien eine Rede »*Realismus und Innerlichkeit*«, die Ende Juli/Anfang August in Fortsetzungen in ›Der Querschnitt‹ und noch im gleichen Jahr als Separatdruck bei Zsolnay erschien. Die Zeit- und Kulturkritik des Essays richtet sich gegen den »radikalen Realismus«, wie er vornehmlich in den Vereinigten Staaten und in der Sowjetunion zutage trat, wo man die menschliche Individualität zu vernichten trachtete, um sie durch eine Abstraktion (z. B. Proletariat) zu ersetzen. Eine logische Fortsetzung des in »Realismus und Innerlichkeit« ausgesprochenen Gedankenganges brachte Werfels nächster Vortrag »*Kann die Mensch-*

heit ohne Religion leben?«, den er am 3. März 1932 hielt und der noch im selben Jahr unter dem Titel »Können wir ohne Gottesglauben leben?« gedruckt erschien. Werfel identifiziert den »radikalen Realismus« jetzt spezifischer als »naturalistischen Nihilismus«, dessen Ergebnis – Kommunismus und Nationalsozialismus – politische Ersatzreligionen seien, denen er das Unentwertbare des Gottesglaubens und des Christentums entgegenhält. In seiner »Vorrede« zu »Zwischen oben und unten«, einem geistigen Rechenschaftsbericht, erinnert er daran, daß er mit diesen Vorträgen durch die deutschen Städte zog, ehe der Nationalsozialismus zur Macht gelangt war und daß er versuchte, vor dieser Gefahr zu warnen. In Insterburg in Ostpreußen kam es zu lärmenden Zwischenfällen, und Werfel mußte unter ungenügendem Polizeischutz aus dem Vortragssaal fliehen. Für seine letzte Vortragsreise durch Deutschland im November 1932 hatte er sich das politisch erregende fünfte Kapitel seines Romans »Die vierzig Tage des Musa Dagh«, welches das Gespräch zwischen Enver Pascha und Pastor Johannes Lepsius zum Inhalt hat, ausgesucht.

Zu Anfang des Jahres hatte die textliche Neugestaltung von Verdis »*Don Carlos*« viel Zeit beansprucht, obgleich Werfel bei dieser Arbeit nur Anregungen gab und sich kaum an der eigentlichen Übersetzung beteiligte. Diese wurde hauptsächlich von LOTHAR WALLERSTEIN durchgeführt. Von den drei Fassungen der Oper (1867, 1883 und 1886) wählten Wallerstein und Werfel die zweite als Grundlage ihrer Bearbeitung, die die Hauptmotive zu unterstreichen und die dramaturgischen Schwächen zu beheben versuchte. In seinem Aufsatz »Prinzipien der neuen Bearbeitung von Verdis Don Carlos« legte Werfel dar, welche dramaturgischen Mittel dabei benutzt wurden und warum (›NFP‹, Sonntagsbeilage, 8. Mai 1932). Die Erstaufführung fand an der Wiener Staatsoper am 10. Mai 1932 unter der Regie von Lothar Wallerstein und der musikalischen Leitung von Clemens Krauß statt. Trotz der vielen günstigen Pressestimmen ließ sich Werfel von einem der wenigen negativen Urteile zu einem Angriff auf die gesamte Kritik hinreißen, in dem er von der »Überflüssigkeit, Überheblichkeit und Schädlichkeit jeder Theaterkritik« sprach (»Verdis Don Carlos und seine Kritiker. Eine künstlerische Großtat unserer Oper und ihre Bedeutung«. NWJ, 15. Mai 1932). Begreiflicherweise hatte dieser Ausfall eine weitere Stellungnahme der Rezensenten zur Folge. Während sich Werfel mit den Opernkritikern stritt, verhandelte der designierte Bundeskanzler Dr. Engelbert Dollfuß über ein Kabinett der (reaktionären) bürgerlichen Konzentration. Österreichs Schicksal hing in der Schwebe.

Als GOTTFRIED BERMANN-FISCHER im April 1933 mit Werfel in Rapallo zusammentraf, fiel ihm dessen Optimismus auf. Am 5. Mai 1933 wurde Werfel auf Weisung des NS-Kultusministers Rust durch den Präsidenten Max von Schillings aus der Preußischen Akademie der Künste ausgeschlossen. Er maß diesem Boykott nicht die genügende Bedeutung bei. SINCLAIR LEWIS und seine damalige Frau, die Publizistin Dorothy Thompson, die Werfel und Alma im selben Monat besuchten, fanden den Dichter in heiterer Stimmung, als ob ihn die Politik der autoritären Nachbarstaaten nicht beträfe.

1933 erschien der Roman »Die vierzig Tage des Musa Dagh«. Er beruht auf einer historischen Episode aus dem Jahre 1915; damals faßte die jungtürkische Regierung den Entschluß, die armenische christliche Minorität auszurotten. In der Einleitung der Erstausgabe schrieb Werfel: »Das Jammerbild verstümmelter und verhungerter Flüchtlingskinder, die in einer Teppichfabrik arbeiteten, gab den entscheidenden Anstoß, das unfaßbare Schicksal des armenischen Volkes dem Totenreich alles Geschehenen zu entreißen. Die Niederschrift des Buches erfolgte in der Zeit vom Juli 1932 bis März 1933«.

Als die wichtigsten Quellen, die Werfel benützte, nennt GEORGE SCHULZ-BEHREND: »Suedije, eine Episode aus der Zeit der Armenierverfolgungen« von Dikran Andreasian; ›Orient: Monatsschrift für die Wiedergeburt des Ostens‹, hrsg. von Dr. Johannes Lepsius (1919), Nr. 4–5; »Deutschland und Armenien, 1914–1918: Sammlung diplomatischer Aktenstücke«, hrsg. und eingeleitet von Dr. Johannes Lepsius (1919); »Bericht über die Lage des armenischen Volkes in der Türkei« von Johannes Lepsius (1916); »Mein Besuch in Konstantinopel Juli–August 1915« in ›Orient‹ (1919), Nr. 1–3; »Armenien« hrsg. von Paul Rohrbach (1919). Ferner erhielt Werfel die offiziellen Dokumente leihweise vom französischen Kriegsministerium zur Verfügung gestellt.

Die Komposition von »Die vierzig Tage des Musa Dagh« ist im Vergleich zu Werfels früheren Romanen von auffallender Symmetrie. Das Werk ist in drei »Bücher« eingeteilt, wobei das erste und dritte Buch die gleiche Anzahl Kapitel haben (I: 7, II: 4, III: 7).

Die Dreiteilung wird durch den Titel des letzten »Buches« (Untergang/Rettung/Untergang) unterstrichen. Auf die Gliederung in drei Teile gründet auch der Gehalt des Romans. Buch I (»Das Nahende«) ist die Einleitung, Buch II (»Die Kämpfe der Schwachen«) enthält die drei Siege der Armenier über die Türken, Buch III »die Lösung«.

Die Kritik betonte die Entsprechungen zwischen dem Schicksal der verfolgten Armenier und dem der Juden, das Werfel wie in einer grausigen Vision vorausgesehen zu haben schien. Andere Analogien drängen sich auf. Die Quellen über das Ausharren der Armenier nennen 53 bzw. 36 Tage. Indem Werfel davon abweicht und die Zahl der Tage auf 40 ändert, evoziert er biblische Zeiträume, wie z. B. die 40 Tage der Sintflut, das vierzigtägige Fasten Moses auf dem Berg Sinai und Christi in der Wüste. Darauf machen u. a. von Puttkamer (S. 86), von Arnim (S. 124) und Klarmann (II, S. 29) aufmerksam (Musa Dagh = Berg des Moses).

In einem Brief vom 17. Februar 1934 schrieb Werfel aus Santa Margherita an Alma, man müsse sich »augenblicklich rückhaltlos hinter Dollfuß stellen, der nicht weiter geschwächt werden darf. Es wird immer klarer, daß die Geschichte ein dunkles Eingreifen der Übernatur in die Natur ist. Über Hitler steht ein günstiger Stern. Es kommt garnicht darauf an, daß eine historische Figur recht hat oder einen besonderen Wert repräsentiert, Attila war ein rülpsender Wilder und doch Gottes Zuchtrute«.

»Die vierzig Tage des Musa Dagh« waren damals in Deutschland schon verboten, und somit war Werfel von einem großen Teil seiner Leser abgeschnitten. Daher war er nicht abgeneigt, einer Anregung Max Reinhardts zu folgen und als Antwort auf die Ereignisse in Deutschland ein Bibelspiel zu verfassen. Reinhardt seinerseits hatte die Anregung von dem amerikanischen Theatermanager Meyer W. Weisgal empfangen, der ihn im November 1933 in Paris aufgesucht und ihm den Vorschlag unterbreitet hatte, ein Bibelspiel zu inszenieren. Schon damals soll Reinhardt an Werfel als Autor und an KURT WEILL als Komponisten gedacht haben. Während eines Aufenthaltes in Venedig im März 1934 arbeitete Werfel bereits an dem Stück und Weill an der Musik. Am 6. April 1934 fuhren Werfel und Alma nach Mailand, um »Die Macht des Schicksals« zu hören. In ihrer Abwesenheit stellten sich bei Almas Tochter aus zweiter Ehe, MANON GROPIUS, die in Venedig zurückgeblieben war, die ersten Symptome von Kinderlähmung ein, die zunächst niemand erkannte. Manon starb am 22. April 1935 in Wien (Alban Berg widmete ihrem Andenken sein Violinkonzert).

Werfel las Anfang Mai 1934 die Rohschrift seines Bibelspiels »Der Weg der Verheißung« Reinhardt im Schloß Leopoldskron in Salzburg vor, in Anwesenheit von Kurt Weill, Meyer W. Weisgal und Rudolph Kommer. Inzwischen hatte sich die politische Lage in Österreich derart verschärft, daß am 26. Mai das Standrecht verhängt wurde. Im Juli 1934 wurde der Bundeskanzler Dr. Dollfuß von den Nationalsozialisten ermordet. Werfel war damals neben »Der Weg der Verheißung« mit kleineren Arbeiten beschäftigt. »Dem Freunde«, eine Ehrung für Max Brod zu seinem 50. Geburtstag trägt das Datum »Breitenstein, Juni 1934«. Für eine Festschrift zu Arnold Schönbergs 60. Geburtstag am 13. September 1934 schrieb er einen kurzen Aufsatz. Nach langer Zeit schrieb er auch wieder Gedichte, die 1935 unter dem Titel »Schlaf und Erwachen« als sein letzter Gedichtband in Österreich erschienen. Diese Gedichte sind verstechnisch von größerer Sorgfalt als viele der früheren; inhaltlich herrscht ein tiefer Glaube an die dem Zufälligen entrückten himmlischen Mächte vor.

Kurz nach Manons Tod wollte Werfel ihr ein Denkmal setzen und begann im Juli 1935 in Breitenstein zwei Legenden, »Die Fürbitterin der Tiere« und »Die Fürbitterin der Toten«, doch ließ er diese Arbeit bald liegen. Im August erfuhr er, daß »Die vierzig Tage des Musa Dagh« in der amerikanischen Übersetzung von Geoffrey Dunlop innerhalb von vier Monaten einen Absatz von über 125 000 Exemplaren erreicht hatten. 50 000 von den 100 000 Mitgliedern des Book-of-the-Month-Club hatten seinen Roman gewählt.

Inzwischen waren in New York die ersten Proben zu »Der Weg der Verheißung« für den 12. November, dem Tag von Werfels Ankunft in der Neuen Welt, angesetzt worden. Die Premiere von »The Eternal Road« (so der Titel in der Übersetzung von Ludwig Lewisohn) sollte am 23. Dezember stattfinden. Doch kam es nicht dazu. Das Unternehmen, das Unsummen verschlungen hatte, ging am 10. Februar 1936 bankrott. Aber Weisgal war nicht der Mann, der wegen weiterer 250 000 Dollar aufgab. Er sammelte bei Reich und Arm, und am 29. November 1936 wurden die Proben zu dem Stück wieder aufgenommen. Die Uraufführung von »The Eternal Road« (für die amerikanische Bühne bearbeitet von William A. Drake), fand erst am 7. Januar 1937 im Manhattan Opera House statt, in Anwesenheit von Sara Delano Roosevelt, die die christliche Gemeinde repräsentierte und von Rabbiner Stephen Samuel Wise als Vertreter des New Yorker Judentums, – und in Abwesenheit von Franz Werfel, der nach monatelangem Warten nach Europa zurückgekehrt war. Der einzige Lichtblick während dieser vergeblichen Wartezeit in Amerika war die Begeisterung der Armenier für den Verfasser der »Vierzig Tage des Musa Dagh«. Ein armenischer Priester sagte in einer Predigt: »Wir waren eine Nation, aber erst Franz Werfel hat uns eine Seele gegeben.«

Noch im April 1936 zeichnete Werfel Bühnenentwürfe für »Der Weg der Verheißung« und verbesserte den Text. Im gleichen Monat schrieb er in Locarno einführende und überleitende

Bemerkungen zu der amerikanischen Ausgabe von »Aus der Dämmerung einer Welt« (»Twilight of a World«). Am 30. April nahm er sich die zwei Legenden wieder vor, welche er ein Jahr vorher zum Andenken an Manon begonnen hatte. Aber er fand keine rechte Beziehung mehr zu dem Stoff und die Legenden blieben unvollendet. Werfel, rastlos ohne die Eingebung für ein neues Werk, schlenderte durch die Straßen von Locarno und kaufte sich eine Bibel. Er schlug unbewußt das Buch Jeremias auf und sein Roman des Propheten begann, Gestalt anzunehmen. Er setzte die Arbeit im Mai in Ischl fort und sie ließ ihn für den Rest des Jahres nicht mehr los. (Das Skizzenbuch zu dem Werk mit dem Arbeitstitel »Propheten-Roman« umfaßt 72 handgeschriebene Seiten; UCLA.) Der Roman »*Höret die Stimme*« – die Frucht dieser Arbeit – erschien 1937. Daß Werfel, dem Dichter der Verbrüderung und des Mitleidens, die Gestalt dieses großen Propheten des Alten Bundes, der alle Leiden und alle Schmach auf sich nahm, nahe lag, ist begreiflich. Auf Grund eingehender Studien zeigt Werfel drei Kulturkreise, den jüdischen, ägyptischen und babylonischen. Der Roman war ursprünglich mit einer Rahmenerzählung auf die Gegenwart bezogen, doch erzählt Werfels Witwe in ihrem Nachwort zu dem Neudruck 1956, der Dichter habe die Parallelen später als zu forciert empfunden und daher weggelassen. Dennoch hätte die Rahmenerzählung in der Gesamtausgabe mitgedruckt werden sollen.

Während nach Auffassung Brunners Werfel mit dem Roman nichts anderes bezweckte als »die möglichst umfassende Vergegenwärtigung einer bestimmten biblischen Vergangenheit« (S. 115), meint Ellert in seiner Dissertation, es gehe dem Dichter darum, zu zeigen, daß alle Verfolgungen Israels aus der Sünde der Abtrünnigkeit stammen.

Am 19. März 1937 erhielt Werfel vom Bundeskanzler Kurt von Schuschnigg das Österreichische Verdienstkreuz für Kunst und Wissenschaft verliehen. Auf der Tagung des PEN-Clubs im Juni des Jahres in Paris kam es zu heftigen Auseinandersetzungen zwischen Werfel und Lion Feuchtwanger. Wie mir Frau Marta Feuchtwanger mitteilt, war Feuchtwangers Rußland-Reise der Stein des Anstoßes. Er hatte die Reise auf Veranlassung der deutschen Schriftsteller, die vor Hitler dorthin geflüchtet waren, unternommen und in Moskau mit Bertolt Brecht und Willi Bredel die Zeitschrift ›Das Wort‹ gegründet. Ende Juli spielte Werfel in Breitenstein mit dem Gedanken, ein Bürgerkriegsdrama »*Unser Haus*« in Versen zu verfassen, ließ aber den Plan zugunsten anderer Arbeiten bald wieder fallen. Die ›Organisation de Cooperation Intellectuelle de la Société des Nations à Paris‹ lud ihn zu einem Vortrag im gleichen Monat ein. Werfel sprach über »*Die Zukunft der Literatur*«. In der Diskussion wurde er wegen seiner konservativen Haltung von Feuchtwanger angegriffen. Die Abende in Paris verbrachte er mit JAMES JOYCE, mit dem er sich zwar nicht verständigen konnte, der aber, Verdi-Arien singend, mit Werfel von einem Nachtlokal ins andere zog.

1937 war auch das Jahr der Entstehung des Schauspiels »*In einer Nacht*«. Werfel nimmt in diesem Stück das Motiv seines Jugendwerkes »Der Besuch aus dem Elysium« wieder auf. Die Gestalt der Felizitas ist nur als Allegorie eines zu gewinnenden Glücks aufzufassen. Die Buchausgabe erschien 1937 und im gleichen Jahr, am 5. Oktober, fand die Uraufführung im Theater in der Josefstadt in Wien unter der Regie Max Reinhardts statt. Es war das letzte in Österreich geschriebene größere Werk Werfels und die letzte Inszenierung Max Reinhardts, ehe beide zur Emigration gezwungen wurden. Zu der Aufführung fand sich ein illustres Publikum ein, u. a. der Bundeskanzler von Schuschnigg, die Minister Pernter und Neumayer, der Staatssekretär Zernatto, der Bundeskommissär Baron Hammerstein-Equord und Vertreter des diplomatischen Corps. Ein Empfang zu Ehren des Dichters in den Sträußelsälen, veranstaltet vom Direktor des Theaters ERNST LOTHAR und seiner Gemahlin Adrienne Geßner-Lothar, der der Uraufführung folgte, beschloß den festlichen Abend.

Literatur zu den Jahren bis zum Anschluß Österreichs:

ELSA BIENENFELD: Der Dichter u. die Musik. Begegnung mit F. W. im Hause Mahler. In: Das Prisma. Blätter der Vereinigten Stadttheater Bochum–Duisburg VII, Nr. 20 (1930/31), S. 186–190.

ALFRED WERNER u. PAUL ARNE: Gay Vienna – An Autopsy. In: Books Abroad N. S. XV, Nr. 3 (Juli 1941), S. 259–264.

IRWIN EDMAN: F. W. In: Book-of-the-Month-Club News (Mai 1942), S. 4–5.

BRUNO WALTER: Thema u. Variationen. Erinnerungen u. Gedanken, 1947, S. 408–409, 467.

HUBERT MITTROWSKY: Erinnerungen an F. W. In: Neue Schweizer Rundschau N. S. XV, Nr. 12 (April 1948), S. 749–754.

KLAUS MANN: Der Wendepunkt. Ein Lebensbericht, 1952, S. 343–344.

ANNETTE KOLB, in: Blätter in den Wind, 1954, S. 210–218.

JOSEPH WECHSBERG: F. W.s Vienna. In: SR (11. März 1967), S. 62–63.

Juarez und Maximilian

Hs.: ÖN, U. of Pennsylvania (142 SS.); UCLA (Entwürfe, 50 SS.). Entst.: 1924.

Urauff.: 20. April 1925 im Stadttheater Magdeburg.
Erstdruck: Juarez und Maximilian. Dramatische Historie in 3 Phasen und 13 Bildern. Berlin–Wien–Leipzig: Paul Zsolnay 1924. 195 SS. 1.–10. Td. 16.–20. Td., Schulausg. mit Einl. u. Anmerk. v. Paul Jacob, 1931.
Heute: Dr I.

Literatur:

ALFRED POLGAR: »J. u. M.« In: PT, 27. Mai 1925, S. 3. – DERS.: Genie u. Anstrengung. In: WB XXI, Nr. 35 (1. Sept. 1925), S. 339 bis 341. – BELA BALASZ: »M. u. J.« In: Der Tag (Wien), Nr. 895, 28. Mai 1925, S. 4, Sp. 1–4, S. 5, Sp. 1–2. – FELIX SALTEN: »J. u. M.«. In: NFP, Nr. 21805, 28. Mai 1925, S. 1 u. 3. – OSKAR KRETSCHMANN: »J. u. M.« von F. W. im Lichte des dramatischen Kursus von Dr. R. Steiner. In: Die Drei (Stuttgart), V, Nr. 3 (Juni 1925), S. 210 bis 229. – WILHELM WYMETAL: Neues von u. über Maximilian von Mexiko. In: Deutsche Zeit, Nr. 195, 5. Juni 1925, S. 2–3. – ROBERT F. ARNOLD: Wien, »J. u. M.«. In: Die Literatur XXVII, Nr. 11 (Juli 1925), S. 676–677. – OSKAR WEITZMANN: Die Tragödie des Kaiserpaares von Mexiko. In: Freiburger Theaterblätter IV (Nov. 1925), S. 5–8. – E. G. LORENZ: Maximilian u. Charlotte von Mexiko. In: Weltstimmen IV, Nr. 9 (Sept. 1930), S. 371–378. –PUTTKAMER, S. 80 bis 84. – GRENZMANN I, S. 272–274. – COUSSENS, S. 39–43. – FECHTER, S. 77–78. – KRÜGEL, S. 147–161. – LEA I, S. 41–46, 151. – VOGELSANG, S. 127–129. – GARTEN, S. 114. – MEISTER, S. 122–155. – HEINZ RIEDER: Die Tragödie der Seele. F. W.s »J. u. M.« In: Beiträge z. Dramatik Österreichs im 20. Jh. Wien 1968, S. 85–97.

Gesamtdarstellungen bis einschl. »Juarez«

KATHLEEN MAYER-HAAS: F. W.: The Poet of Goodwill. In: The Bermondsey Book III, Nr. 4 (Sept. 1926), S. 72–79. – ISAAC GOLDBERG: F. W.: Spokesman of New Germany. In: Boston Evening Transcript, 23 Okt. 1926. – F. W. KAUFMANN: F. W. In: MLJ XI (April 1927), S. 427–452.

Paulus unter den Juden

Hs.: U. of Pennsylvania (133 SS.).
Entst.: Sommer 1925–Juni 1926.
Urauff.: 3. März 1926, gleichzeitig in Bonn, Breslau, Köln u. München.
Erstdruck: Paulus unter den Juden. Berlin–Wien–Leipzig: Paul Zsolnay 1926. 186 SS. 11.–15. Td. 1927.
Heute: Dr I.

Literatur:

SPECHT, S. 306–314. – DERS.: F. W.s dramatische Legende. In: NFP, Nr. 2283, 26. Sept. 1926, S. 31–33. – HANS BÖHLIG: W.s »P. u. d. J.«. In: Protestantenblatt (Berlin–Bremen), LIX, Nr. 50 (12. Dez.

1926), Sp. 714–716 – ANNY POLITZER: F. W. – »P. u. d. J.« In: Individualität (Dornach), II, Nr. 1/2 (1927), S. 218–219. – FRIEDRICH MUCKERMANN: Zu F. W.s »P.«. In: Der Gral XXI, Nr. 4 (Jan. 1927), S. 201–204. – MAX ESCHELBACHER: F. W.s »P. u. d. J.«. In: Der Morgen (Wien) II, Nr. 6 (Febr. 1927), S. 543–553. – HANS ERHARD LAUER: Gedanken zu W.s »P. u. d. J.« anläßlich seiner Erstauff. im Wiener Burgtheater. In: Österreichische Blätter für freies Geistesleben IV, Nr. 5/6 (Mai/Juni 1927), S. 53–55. – DAVID T. POTTINGER: W. Sets Pen to »Paul of the Jews«. His Play Depicts Israel Divided Against Itself at the Greatest Crisis in Its History. In: Boston Evening Transcript, 2. April 1927, S. 6, Sp. 7 u. S. 9, Sp. 4. – HANS LUTZ: W. »P. u. d. J.« In: Die christl. Welt XLII, Nr. 4 (18. Febr. 1928), Sp. 167–172. – O[TTO] P[ICK]: Die Stunde des Christus. »P. u. d. J.« als Maifestspiele. In: PP, 8. Mai 1930, S. 8. – CHANDLER, S. 435–436. – PUTTKAMER, S. 51–55. – GRENZMANN I, S. 274–275. – FECHTER, Bd. 3, S. 75–76. – KRÜGEL, S. 188–195. – KLARMANN II, S. 24. – VOGELSANG, S. 129–130. – MEISTER, S. 160 bis 192. – LEA I, S. 93–96. – RÜCK, S. 105–125.

Allgemeine Darstellungen zu W.s Werk einschließl. »P. u. d. J.«:

H. NOUVEILLER: F. W. In: Das Gewissen I, Nr. 4, (Okt. 1927), S. 172 bis 194. – JOSEPH SPRENGLER: F. W. u. seine Tragödie der Zeit. In: Hochland XXV (Jan. 1928), S. 390–398. – HANS KLAUS: Der Dramatiker W. u. wir. In: Prager Theaterbuch 1930. Gesammelte Aufsätze u. Dichtungen, S. 96–100.

Verdi-Briefe

Hs.: U. of Pennsylvania (Einl. 46 SS.), UCLA (50 SS.).
Entst.: Ende 1925–1926.
Erstdruck: Giuseppe Verdi, Briefe. Hrsg. u. eingel. v. Franz Werfel. Übers. v. Paul Stefan. Berlin–Wien–Leipzig: Paul Zsolnay 1926. 392 SS. 1.–5. Td.
Heute: nicht neu aufgelegt.

Die Macht des Schicksals

Hs.: UCLA (Fragment, 12 SS.).
Entst.: 1926.
Erstdruck: Die Macht des Schicksals (La forza del destino). Oper in einem Vorspiel und drei Akten (Acht Bildern). Dem Italienischen des F. M. Piave frei nachgedichtet und für die deutsche Opernbühne bearbeitet von Franz Werfel. Musik von Giuseppe Verdi. Leipzig u. a.: G. Ricordi, 1926. 101 SS.
Heute: Klavierauszug mit Text. Lörrach G. Ricordi & Co. 1952. 364 SS.

Literatur:

JULIUS KORNGOLD: Operntheater. In: NFP Nr. 22 344, 28. Nov. 1926, S. 1–5. – HEINRICH KRALIK: »D. M. d. Sch.« Verdis Oper in neuer

dt. Bearbeitung von F. W. In: NWT, Nr. 327, 28. Nov. 1926, S. 2–4.
– ALFRED HEUSS: Über Verdis Oper: »D. M. d. Sch.« u. ihre ver-
unglückte Bearbeitung durch F. W. In: ZfM XCIV, Nr. 1 (Jan. 1927),
S. 1–10. – DERS.: Weg mit der W.schen Bearbeitung von Verdis »D.
M. d. Sch.«. In: ZfM C, Nr. 11 (Nov. 1933), S. 1123–1125. – PAUL
RIESENFELD: Die Verdi-Renaissance. In: Signale CXXXV, Nr. 11
(März 1927), S. 365–369.

Gedichte

Enthält Gedichte aus früheren Lyrikbänden sowie eine Anzahl von
Versen, die zwischen 1919 u. 1926 entstanden.
Erstdruck: Gedichte. Berlin–Wien–Leipzig: Paul Zsolnay 1927.
467 SS. = Ges. Werke 1.
Heute: LW.

Literatur:

MARTIN SOMMERFELD: Kann der Dichter sich verbessern? In: Literarische Umschau (Beilage zur VZ, Nr. 185), 4. Aug. 1929, S. 1.

Gesamtdarstellungen von W.s Lyrik einschließl. »Gedichte«:

DETLEV SCHUMANN: The Development of W.s ›Lebensgefühl‹ as
Reflected in His Poetry. In: GR VI (1931), S. 27–53. – ERICH SIE-
BURG: F. W.s Lyrik in ihrem thematischen Gehalt. In: ZfD XLVI,
Nr. 1 (1932), S. 50–59.

Neue Gedichte

Erstdruck: Neue Gedichte. Berlin–Wien–Leipzig: Paul Zsolnay
1928. 42 SS. (Einmalige Sonderausgabe von 400 Exemplaren. Nach-
druck des letzten Teils der Gedichte 1927.)
Heute: LW.

Der Tod des Kleinbürgers

Hs.: U. of Pennsylvania (76 SS.).
Entst.: Sept.–Okt. 1926.
Erstdruck: Der Tod des Kleinbürgers. Novelle. Berlin–Wien–
Leipzig: Paul Zsolnay 1927. 113 SS. Ausg. mit Federzeichnungen
v. Alfred Kubin, 1928 (= 11.–20. Td.).
Heute: Er II u. Reclam UB 8268.

Literatur:

WILLY HAAS: Meine Meinung. In: Die lit. Welt III, Nr. 11 (18. März
1927), S. 2. – DERS.: Nachwort. In: »D. T. d. K.« Reclam UB
8268, S. 64–71. – OTTO DERTEL: F. W.: »D. T. d. K.« In: Welt-
stimmen III, Nr. 8 (1929), S. 318–320. – BRUNNER, S. 45–47. –
FRITZ LOCKEMANN: F. W. In: Gestalt u. Wandlungen der dt. Novelle.
Geschichte einer lit. Gattung im 19. u. 20. Jhd., 1957, S. 355–357. –
KARL TOBER, in: Der Deutschunterricht, XVII, Nr. 5 (Okt. 1965),
S. 66–84. – MARTIN DOLCH: Vom »Kleinbürger« zum »Übermen-
schen«. Zur Interpretation von FWs »D. T. d. K.«. In: Literatur in
Wiss. u. Unterricht, V, 1972, S. 127–143.

Geheimnis eines Menschen

Hs.: U. of Pennsylvania (261 SS.).

Entst.: 1926.

Erstdruck: Geheimnis eines Menschen. Novellen. Berlin–Wien–Leipzig: Paul Zsolnay 1927. 315 SS. (Inhalt: Die Entfremdung, Geheimnis eines Menschen, Die Hoteltreppe, Das Trauerhaus). 25. Td., 1931.

Heute: Er II.

Literatur:

M[ARTIN] R[OCKENBACH]: Über F. W. In: Orplid IV, Nr. 11/12 (Febr./März 1928), S. 139–143. – BRUNNER, S. 37–38, 39–40 (Die Entfremdung), S. 40–42 (Die Hoteltreppe), S. 42–43 (Das Trauerhaus). – BLAUHUT S. 123, 124–125 (Die Entfremdung), S. 125 (Die Hoteltreppe).

Gesamtdarstellung bis einschließl. »G. e. M.«:

HEINRICH MEYER-BENFEY: F. W. In: Welt der Dichtung, 1962, S. 417 bis 421.

Der Abituriententag

Hs.: bisher nicht auffindbar.

Entst.: Sommer 1927–1928.

Erstdruck: Der Abituriententag. Die Geschichte einer Jugendschuld. Berlin–Wien–Leipzig: Paul Zsolnay. 324 SS. 100. Td. 1931. – Schulausg. mit Einl., Anmerk. u. Vokabular v. Gustave O. Arlt. New York: Rinehart 1948. 249 SS.

Heute: Frankfurt: S. Fischer 1965. 238 SS. = Ges. Werke u. Fischer Bücherei 268.

Literatur:

HERBERT ECKERT: »D. A.«. In: Weltstimmen II (Dez. 1928), S. 389 bis 394. – M. M. GEHRKE, in: WB XXVI, Nr. 1 (Jan. 1929), S. 38 bis 39. – HANS SCHIMMELPFENG: W.s »A.«. In: Die christl. Welt XLIII, Nr. 3 (2. Febr. 1929), S. 131–133. – WILLY HAAS: Das jüdische Problem in W.s »A.«. In: CV Ztg. VIII, Nr. 8 (22. Febr. 1929), S. 97–98. – GUSTAVE O. ARLT: Introduction. In der von ihm hrsg. Schulausg., 1948, S. 3–19. – BRUNNER, S. 49–57. – LEA I, S. 140, 173–182.

Kleine Verhältnisse

Hs.: U. of Pennsylvania (70 SS.).

Entst.: 1927.

Erstdruck: Kleine Verhältnisse. Novelle. Berlin–Wien–Leipzig: Paul Zsolnay 1931. 111 SS. 1.–10. Td.

Heute: Er II und S. Fischer Schulausgabe, 1955

Literatur:

Brunner, S. 43–45. – Johannes Urzidil: »Nachwort« zur S. Fischer Schulausgabe, S. 72–74.

Barbara oder Die Frömmigkeit

Hs.: U. of Pennsylvania (651 SS., zweite Niederschrift 777 SS.).
Entst.: Frühling 1928–Herbst 1929.
Erstdruck: Barbara oder Die Frömmigkeit. Berlin–Wien–Leipzig: Paul Zsolnay 1929. 808 SS. = Ges. Werke 3. – 51.–65. Td., 1931. Sonderausg., 1933.
Heute: Frankfurt: S. Fischer 1953. 586 SS. = Ges. Werke.

Literatur:

Kasimir Edschmid: F. W.s »B.«. In: FZ, 3. Nov. 1929. – Willy Haas: W.s neuer Roman »B. o. d. F.«. In: Die lit. Welt V, Nr. 49 (6. Dez. 1929), S. 5–6. Dass. in: Gestalten. Essays zur Literatur u. Gesellschaft. Mit einer Einführung v. Hermann Kesten u. einem Nachwort v. Walter Benjamin, 1962, S. 228–235. – Herbert Ihering: Der Fall W. In: TB X, Nr. 50 (14. Dez. 1929), S. 2177–2180. – Thomas Brandt: »B. o. d. F.« – Bemerkungen zu W.s neuem Roman In: Die Furche (Berlin) XVI, Nr. 3 (1930), S. 295–299. – Gabriel Marcel: Lettres Etrangères. »B.« par F. W. In: La Nouvelle Revue Française XXXIV (1930), S. 424–428. – Hans Döring: »B. o. d. F.« Der neue Roman F. W.s. In: Eckart, VI, NR 1 (Jan. 1930), S. 35 bis 37. – Kurt Pinthus: F. W.: »B. o. d. F.«. In: Die Bücherwarte, Nr. 1 (Jan. 1930), S. 3–5. – Hugo Hahn: W.: »B. o. d. F.« In: CV Ztg IX, Nr. 16 (18. April 1930), S. 212, Sp. 1–3. – Otto Zarek: F. W. »B. o. d. F.« In: Weltstimmen. Weltbücher in Umrissen (Stuttgart) V, (1931), S. 119–121. – P. Cornelius Schröder: Falsche Frömmigkeit im modernen Roman. In: Das neue Reich (Wien) XIII, Nr. 46 (15. Aug. 1931), S.965–967. – Harry Slochower: F. W. and Alfred Döblin: The Problem of Individualism Verses Collectivism in »B.« and in »Berlin Alexanderplatz«. In: JEGP XXXIII, Nr. 1 (Jan. 1934), S. 103–112. – Israel Stamm: Religious Experience in W.s »B.«, PMLA LIV, Nr. 1 (März 1939), S. 332–347. – Brunner, S. 57–78. – Grenzmann I, S. 276–277. – Coussens, S. 44 bis 51. – Lea I, S. 96–102, 141–145, 165–168, 225–236. – Hans Hautman: F. W. »B. o. d. F.« u. die Revolution in Wien 1918. In: Österreichische Geschichte u. Literatur XV, Nr. 8 (Okt. 1971), S. 469–479.

Simone Boccanegra

Hs.: U. of Pennsylvania (244 SS.).
Entst.: Herbst 1928.
Erstdruck: Simone Boccanegra. Lyrische Tragödie in einem Vorspiel und 3 Akten. Dem Italienischen des F. M. Piave frei nachgedichtet und für die deutsche Opernbühne bearbeitet von Franz Werfel.

Musik von Giuseppe Verdi. Leipzig: G. Ricordi and Co. 1929.
84 SS.
Heute: nicht neu gedruckt.

Literatur:

FERDINAND SCHERBER: Verdis »S. B.«. Bearbeitung von F. W. In:
Signale LXXXVIII, Nr. 4 (22. Jan. 1930), S. 81–83.

Dramatische Dichtungen (Der erste Sammelband v. W.s Dramen):

Erstdruck: Dramatische Dichtungen. Die Troerinnen. Juarez und
Maximilian. Paulus unter den Juden. Berlin–Wien–Leipzig: Paul
Zsolnay 1929. 466 SS. = Ges. Werke 2. 1.–5. Td.
Heute: Dr I.

Das Reich Gottes in Böhmen

Hs.: U. of Pennsylvania (104 SS.), UCLA (Notizen, 12 SS.).
Enst.: 1926–Juli 1930.
Urauff.: 6. Dez. 1930 im Burgtheater, Wien.
Erstdruck: Das Reich Gottes in Böhmen. Tragödie eines Führers.
Berlin–Wien–Leipzig: Paul Zsolnay 1930. 203 SS. 1.–10. Td.
Heute: Dr II.

Literatur:

OSKAR MAURUS FONTANA: W.-Urauff. am Burgtheater. In: Bohemia,
7. Dez. 1930, S. 7: 3–4. Dass. in: Der Wiener Tag, Nr. 2769, 7. Dez.
1930, S. 19. – OTTO STOESSL: »D. R. G. i. B« In: Wiener Ztg., Nr. 283,
10. Dez. 1930, S. 1–3. – HEINZ WILDHAGEN: Zu W.s »D. R. G. i. B.«
In: Das Prisma. Blätter der vereinigten Stadttheater Bochum-Duis-
burg VII, Nr. 20 (1930/31), S. 194–196. – B.: »D. R. G. i. B.«
In: Der Kunstgarten (Wien) IX, Nr. 6 (März 1931), S. 127–131. –
J. E. SPENLÈ, in: Mercure de France CCXXVII (1. Mai 1931), S. 734
bis 735. – MARYSIA TURRIAN: Dostojewski u. F. W., Diss. Bern 1950,
S. 93. – COUSSENS, S. 52–76. – ADOLF D. KLARMANN: F. W. u. die
Bühne. In: GQ XXXII, Nr. 2 (März 1959), S. 99–104. Dass. eng-
lisch in Foltin I, S. 50–56. – KRÜGEL, S. 161–176. – DUWE, Bd. 2,
S. 350–351. – LEA I, S. 115–153. – VOGELSANG, S. 130–132. –
MEISTER, S. 193–210. – RÜCK, S. 126–144. – HERMANN KUNISCH:
F. W.s »R. G. i. B.« im Zusammenhang der österreichischen Staats-
dramen. In: Beiträge z. Dramatik Österreichs im 20. Jh., Wien 1968,
S. 71–83.

Die Geschwister von Neapel

Hs.: bisher nicht auffindbar, UCLA (Notizen, ca. 20 SS.).
Entst.: Herbst 1929–Herbst 1930.
Erstdruck: Die Geschwister von Neapel. Roman. Berlin–Wien–
Leipzig: Paul Zsolnay 1931. 498 SS. = Ges. Werke 4. 46.–48 Td.,
1935.
Heute: Frankfurt: S. Fischer 1962. 388 SS. = Ges. Werke.

Literatur:

Max Hermann-Neisse: Buch-Chronik der Woche. W.s neuer Roman. In: Die literarische Welt VII, Nr. 47 (Nov. 1931), S. 5. – Lutz Weltmann: »D. G. v. N.« In: Die Literatur XXXIV, (1932), S. 232–233. – Paul Wittko: F. W. »D. G. v. N.« In: Weltstimmen VI, Nr. 1 (Jan. 1932), S. 23–27. – Marcel Brion: »D. G. v. N.« In: Cahiers du Sud (Marseille) XI, (April 1934), S. 334–336. – Puttkamer, S. 75 bis 79. – Brunner, S. 78–87. – Coussens, S. 77–85. – Klarmann II, S. 27–28. – Stöcklein, S. 227. – Lea I, S. 102–104, 112–114, 169 bis 173.

Gesamtdarstellung bis einschließl. »D. G. v. N.«:

Ernst Kohn-Bramstedt: FW As a Novelist. In: Contemporary Review CXVI (Juli 1934), S. 66–73.

Realismus und Innerlichkeit

Hs.: bisher nicht auffindbar.
Entst.: 1931.
Erstdruck: Realismus und Innerlichkeit. Berlin–Wien–Leipzig: Paul Zsolnay 1931. 35 SS. = Reden und Schriften. 17.–21. Td. 1931.
Wiederabgedruckt in: Zwischen oben und unten, 1946, S. 19–64.

Literatur:

Walther Karsch: W. theorisiert. In: WB XXVII, Nr. 51 (22. Dez. 1931), S. 926–929. – Karl A. Kutzbach: F. W. als geistiger Führer. In: Die neue Literatur XXIII, Nr. 1 (Jan. 1932), S. 13–17. – Rudolf Braune: Herr Werfel zieht in den Krieg. In: Die Linkskurve IV, Nr. 2 (Febr. 1932), S. 18–21. – George C. Buck: The Non-Creative Prose of F. W. In: Foltin I, S. 83–95. – Foltin II, S. 174–178.

Können wir ohne Gottesglauben leben?

Hs.: UCLA (Entwürfe u. zwei Vortragsfassungen).
Entst.: Anfang 1932.
Erstdruck: Können wir ohne Gottesglauben leben? Berlin–Wien–Leipzig: Paul Zsolnay 1932. 73 SS. = Reden und Schriften. 1.–10. Td.
Wiederabgedruckt in: Zwischen oben und unten, 1946, S. 67–148.

Literatur:

E. H. in: Psychoanalytische Bewegung IV, Nr. 5 (Sept./Okt. 1932), S. 472–473. – Wilhelm Schuhmacher in: Die Neue Literatur XXXIV, Nr. 2 (Febr. 1933), S. 106–110. – George C. Buck: The Non-Creative Prose of F. W. In: Foltin I, S. 83–95. – Klarmann II, S. 28. – Foltin II, S. 174–178.

Don Carlos

Hs.: bisher nicht auffindbar.
Entst.: Anfang 1932.

Erstdruck: Don Carlos. Oper von M. e. C. Du Locle. Textlich neu gefaßt u. unter Mitwirkung von Franz Werfel für die deutsche Bühne bearbeitet von L. Wallerstein. Leipzig: G. Ricordi 1932. 62 SS.
Heute: nicht neu aufgelegt.

Literatur:

JULIUS KORNGOLD: Operntheater. Erstauff. von Verdis »D. C.«. In: NFP, Nr. 24303, 11. Mai 1932, S. 1–4. – FERDINAND SCHERBER: »D. C.«. In: Wiener Ztg., Nr. 110, 12. Mai 1932, S. 1–2. Dass. unter d. Titel: Verdis »D. C.«. In: Signale XC, Nr. 20 (18. Mai 1932), S. 471 bis 473. DERS.: F. W. als Groß-Inquisitor. In: Signale XC, Nr. 22/23 (1. Juni 1932), S. 526–528. – ERNST DECSEY: Giuseppe Verdi – F. W. – und die Kritik. In: Die Musik XXIV, Nr. 10 (Juli 1932), S. 786 bis 787. – JOSEPH BRAUNSTEIN: Zum Wiener »D. C.«. In: Anbruch XIX, Nr. 1 (Jan. 1937), S. 46–49. – MEISTER, S. 53–54.

Das Geheimnis des Saverio (= Geheimnis eines Menschen)

Erstdruck unter diesem Titel: Das Geheimnis des Saverio. Novelle Leipzig: Reclam 1932. 68 SS. (= Reclam UB 7184).
Heute: Er II.

Literatur:

Siehe »Geheimnis eines Menschen«, S. 83 f.

Die vierzig Tage des Musa Dagh

Hs.: U. of Pennsylvania (888 SS.), UCLA (Notizen, ca. 100 SS.).
Entst.: Juni 1930–Dez. 1933.
Erstdruck: Die vierzig Tage des Musa Dagh. Roman. 2 Bde. Berlin–Wien–Leipzig: Paul Zsolnay 1933. 556, 583 SS. Ges. Werke 5–6. 1.–10. Td.
Heute: Frankfurt: G. B. Fischer 1965 u. Knaurs Taschenbücher Bd. 178.

Literatur:

GEORGE SCHULZ-BEHREND: Sources and Background of W.s Novel »D. v. T. d. M. D.«. In: GR XXVI, Nr. 2 (April 1951), S. 111–123. – PUTTKAMER, S. 84–95. – BRUNNER, S. 87–101. – COUSSENS, S. 86 bis 104. – BRASELMANN, S. 60–63. – KLARMANN II, S. 28–30. – HANS V. ARNIM: F. W. In: Christl. Gestalten neuerer dt. Dichtung, 1961, S. 117–134. – DUWE, Bd. 1, S. 496. – LEA I, S. 114–115, 153–155, 183–188, 236–248.

Der Weg der Verheißung

Hs.: U. of Pennsylvania (76 SS. in 2 Kleinquartheften, datiert 14. Sept. 1934).
Entst.: März 1934–April 1936.

Urauff.: 7. Jan. 1937 im Manhattan Opera House, New York.
Erstdruck: Der Weg der Verheißung. Ein Bibelspiel. Wien: Theater-
abteilung Paul Zsolnay 1935. 127 SS. 1.–10. Td.
Heute: Dr II.

Literatur:

MOSES CARNER: Die Musik zu W.s Bibeldrama. Ein Gespräch mit
Kurt Weill. In: Jüdische Rundschau XL, Nr. 16 (22. Febr. 1935), S. 9.
– SOLOMON LIPTZIN: Germany's Stepchildren (Philadelphia), 1944,
S. 202–205. – KRÜGEL, S. 206–209, 214–215. – DUWE, Bd. 2,
S. 351. – LEA I, S. 46–49, 248–250. – RÜCK, S. 147–156.

Schlaf und Erwachen

Hs.: UCLA (Entwürfe).
Entst.: 1928–1934.
Erstdruck: Schlaf und Erwachen. Neue Gedichte. Berlin–Wien–
Leipzig: Paul Zsolnay 1935. 130 SS.
Heute: LW.

Literatur:

HEINZ POLITZER: Neue Lyrik. In: Das Silberboot I, Nr. 1 (Okt.
1935), S. 47.

Interpretation einzelner Gedichte aus »Schlaf u. Erwachen«:

CHRISTINE BOURBECK siehe unter *Einander*, S. 27–30 (»Leib im Spiegel«). – HESELHAUS, S. 205–213 (»Der Schneefall«).

Höret die Stimme. Jeremias

Hs.: U. of Pennsylvania (723 SS.), UCLA (Notizen 80 SS.).
Entst.: April–12. Nov. 1936.
Erstdruck: Höret die Stimme. Roman. Wien: Paul Zsolnay 1937.
755 SS. = Ges. Werke 7. 1.–10. Td.
Heute: Jeremias. Höret die Stimme. Roman. Frankfurt: S. Fischer
1956. 552 SS. = Ges. Werke (ohne die Rahmenerzählung der ersten Ausgabe). 9.–11. Td., 1966.

Literatur:

KARL BETH: F. W.s Jeremias. In: Zts. f. Religionspsychologie X,
Nr. 4 (1937), S. 235–236. – HARRY JAMES FORMAN: F. W.s Epic Nar-
rative. In: NYT Book Review, Sec. VII, 20. Febr. 1938. – ANON:
Prophet of Doom. »Hearken Unto the Voice«. In: Time XXXI,
Nr. 8 (21. Febr. 1938), S. 77–80. – MARIE SYRKIN: »Hearken Unto
the Voice«. In: Jewish Frontier (NY) V, Nr. 3 (März 1938), S. 24
bis 25. – MOSES HADAS: Clio's Step-Children. In: The Menorah Jour-
nal XXVIII, Nr. 3 (1938), S. 339–340. – PUTTKAMER, S. 154. –
BRUNNER, S. 101–117. – ELLERT, S. 43–55. – KLARMANN II, S. 31 –
LEA I, S. 49–64, 105–108, 115–117, 158–159, 188–194, 250 bis

257. – JOHANNES HEMPEL: Vision u. Offenbarung in F. W.s Romanen »J. H. d. St.« u. Das Lied von Bernadette. Diss. Leipzig 1963, S. 90–102, 103–136. – GÜNTHER, S. 285–286.

Gesamtdarstellung bis einschl. »H. d. St«

WOLFGANG PAULSEN: F. W. In: Monatshefte XXX, Nr. 8 (Dez. 1938) S. 409–423.

In einer Nacht

Hs.: UCLA (Vorarbeiten, 24 SS.).
Entst.: 1937.
Urauff.: 5. Oktober 1937 im Theater in der Josefstadt, Wien.
Erstdruck: In einer Nacht. Ein Schauspiel. Wien: Paul Zsolnay 1937. 109 SS.
Heute: Dr II.

Literatur:

OSKAR MAURUS FONTANA: W.-Premiere in Wien. In: Bohemia, 8. Okt. 1937, S. 5, Sp. 2–3. – PAUL GRAF THUN-HOHENSTEIN: Ein neues Schauspiel von F. W. In: Österreichische Rundschau III (1937), S. 544–546. – W. A. WILLIBRAND: F. W.s »I. e. N.«, »Eine blaßblaue Frauenschrift« u. »Jacobowsky«. In: Monatshefte XXXVII, Nr. 3 (März 1945), S. 146–158. – VOGELSANG, S. 132–133. – MEISTER, S. 15–43.

5. Französisches Exil (1938–1940)

Den Februar 1938 verbrachten Werfel und Alma auf der Insel Capri. Am 24. Februar brach Alma den Aufenthalt ab und reiste nach Wien, denn die Nachricht, daß der österreichische Bundeskanzler Kurt von Schuschnigg – er war übrigens wie andere prominente Persönlichkeiten ein häufiger Gast in ihrem Salon – von Hitler nach Berchtesgaden bestellt worden war, beunruhigte sie. Nach seiner Rückkehr versuchte Schuschnigg die von Hitler geforderte Kapitulation durch ein Plebiszit zu umgehen, bei dem die Österreicher über die Selbständigkeit ihres Landes oder den Anschluß an das Deutsche Reich entscheiden sollten. Werfels Stieftochter Anna Mahler verteilte auf der Straße Flugblätter, die dazu aufforderten, für ein unabhängiges Österreich zu stimmen. Doch Hitler ließ es nicht zur Abstimmung kommen; als am 13. März 1938 die deutschen Truppen einmarschierten, hörte Österreich auf, als selbständiger Staat zu bestehen.

Inzwischen war Werfel aus Neapel, wohin er Alma zur Abreise begleitet hatte, nach Capri zurückgekehrt und befaßte sich mit Entwürfen zu einem epischen Werk, das er freilich nie ausführte. Es sollte »*Die Auseinandergerissenen*« heißen und die Handlung um 1780 in Deutschland spielen. Es ist möglich, daß das erhaltene Fragment eines Dramas »*Die verlorene Mutter*« (Dr III), das ebenfalls auf Capri entstand, zum selben Komplex gehört. In Werfels Notizbuch (UCLA) heißt der Titel des Stückes »Die verlorene Mutter oder Der Findling einer schlimmen Zeit«. Daß der Mensch als Findling in der Zeit ausgesetzt sei, ist eines der wichtigsten Motive bei Werfel.

Am 8. März 1938 erkrankte Werfel an einer schweren Halsentzündung, die seine Arbeit unterbrach, sich aber insofern günstig auswirkte, als es ihm so erspart blieb, den Einmarsch Hitlers in Österreich mitzuerleben. Einer Tagebucheintragung vom 13. März (UCLA) ist zu entnehmen, wie nah ihm das Schicksal seiner Wahlheimat Österreich ging, noch ehe er sich bewußt wurde, wie schwer er selbst persönlich darunter leiden würde. Er traf sich mit Alma und Anna Mahler, die am 13. März Wien verlassen und über Prag und Budapest nach Italien gekommen waren, in Mailand. Von dort fuhren sie weiter zu Werfels jüngerer Schwester Marianne Rieser nach Zürich (wo Werfels Schwager Ferdinand Rieser am Schauspielhaus wirkte). Zürich war damals die erste Station der österreichischen und deutschen Emigranten auf ihrer Flucht vor Hitler. Außer Werfel hielten sich u. a. Albert Bassermann, Gottfried Bermann-Fischer, Alfred Polgar, Heinrich Schnitzler und Carl Zuckmayer dort auf. Alma fand die Zürcher Atmosphäre unerträglich und sobald die Paßangelegenheiten geregelt waren, fuhr sie mit Werfel nach Paris, wo sie im Hotel Royal Madeleine Wohnung nahmen. Jahre später hat Werfel dieses Hotel, mit poetischer Freiheit verändert, zum Schauplatz seines Theaterstückes »Jacobowsky und der Oberst« gemacht.

Im März erschien der Essay »*Betrachtung über den Krieg von morgen*« in ›Paneuropa‹, XIV, Nr. 3. Daß die Kriege der Zukunft ideologisch und nicht mehr nationalistisch ausgefochten würden, ist das Hauptargument dieses Essays; Werfel war sich seiner Prognose so sicher, daß er der Arbeit den Untertitel »angestellt im Jänner 1938« hinzufügte.

Im Mai reisten Werfel und Alma nach London (unterwegs machten sie noch Station in Amsterdam, wo ein Gustav-Mahler-Fest stattfand). Alma war unglücklich, weil sie sich auf englisch nicht verständigen konnte und ihr die kühle angelsächsische Atmosphäre gar nicht zusagte. Werfel schloß dort mit Gottfried Bermann-Fischer einen Vertrag ab, was übrigens keine Abwendung von seinem bisherigen Verleger Paul von Zsolnay bedeutete, denn dieser besaß damals keinen Verlag mehr. Bermann-Fischer, der eben seine Verlagtätigkeit nach Stockholm verlegt hatte, war Werfel für sein Vertrauen dankbar. Tatsächlich erschien noch im selben Jahre in der Schriftenreihe ›Ausblicke‹ eine Rede unter dem Titel »Von der reinsten Glückseligkeit des Menschen«, die Werfel im Dezember 1937 vor der Völkerbundliga in Wien gehalten hatte.

Nach wenigen Wochen kehrten Werfel und Alma von London nach Frankreich zurück. Werfel schrieb in dieser Zeit Gedichte, von denen die folgenden als »Elf Neue Gedichte« in der von Thomas Mann und Konrad Falke herausgegebenen Zeitschrift ›Maß und Wert‹ (Nr. 6 Juli/August) erschienen: »Die Uhr des Schlaflosen«, »Morgenlärm«, »Die Zimmer meines Lebens«, »Lehrs uns zu merken Gott«, »Nein und ja (Der Ungläubige spricht, Der Gläubige spricht)«, »Wahrheit und Wort«, »Ode von den leidenden Tierchen«, »Dämmerung«, »In jeder Stunde zu sagen«, »Der Weltfreund versteht nicht zu altern«.

Am 1. Juni 1938 wurde Werfels jüngerer Freund, der Schriftsteller ÖDÖN VON HORVÁTH während eines Unwetters von einem umstürzenden Baum mitten auf den Champs Elysées in Paris erschlagen. Dieser plötzliche Tod ging Werfel sehr nahe. Obwohl Alma dringend abriet, ging er bei glühender Hitze zu Horváths Begräbnis. Die dem Freund gewidmete Betrachtung »Beim Anblick eines Toten« wurde erst nach Werfels Tod veröffentlicht (Er III). Der letzte Teil dieses Essays trägt die Kapitelüberschrift »Ist die Erde ein Strafort?«. Die Idee der Erde als »Strafkolonie im Kosmos« (Er III, S. 36) kommt öfters in Werfels Werken vor (man vgl. z. B. das Fragment »Traum von einer neuen Hölle«, 1915). Werfel verfaßte auch ein vom 29. Juni 1938 datiertes Vorwort zu Horváths Roman »Ein Kind unserer Zeit«.

Wegen der Hitze und auch um Werfel vor Zudringlichkeiten zu schützen – Paris war damals das Zentrum der deutschen Emigration –, hatte Alma für ihn ein Zimmer »so geräumig wie eine Reitschule« (S. 278) in St. Germain en Laye gemietet, wo er in Ruhe arbeiten konnte. Er schrieb in diesen Monaten verschiedene Aufsätze zu wichtigen Tagesfragen, die zugleich Schicksalsfragen für die von Hitler Verfolgten waren. »Das Geschenk der Tschechen an Europa« erschien in ›Das Neue Tage-Buch‹ vom 17. September 1938, also noch vor der erzwungenen Abtretung des Sudetengebietes (die tschechoslowakische Republik wurde am 29. September 1938 durch das Münchner Abkommen zu einem Rumpfstaat reduziert).

Kurz vor Einmarsch der deutschen Truppen in das Sudetengebiet trug Werfel in sein Tagebuch ein: »Heute am 23. 9. 1938 Höhepunkt des Grauens und der Schmach! Ich fühle mehr mit Böhmen als ich je geahnt hätte« (UCLA). Es ist bemerkenswert, daß Werfel von Böhmen spricht, von einem der historischen Länder, das ihm seit seiner Jugend vertraut und lieb war, nicht von dem 1918 gegründeten Staat.

Allein, die essayistischen Arbeiten nahmen Werfel nicht ganz in Anspruch. Zwischen dem 6. und 8. August verfaßte er die Erzählung »Par l'amour«. Es folgte »Die arge Legende vom gerissenen Galgenstrick«, in verschiedenen Typoskripten (UCLA) auch »Die schlimme Legende vom gerissenen Galgenstrick« genannt. Im Sommer 1938 entstand noch der Text »Anläßlich eines Mauseblicks«, der zuerst in der ›Pariser Tageszeitung‹ vom 2. Oktober erschien. Werfel plante damals einen Zyklus »Abschied von Wien«, wovon nur zwei Stücke zur Ausführung gelangten. Das im November geschriebene Monodrama »Der Arzt von Wien« erschien 1938 in der ›Pariser Tageszeitung‹; »Die Schauspielerin« wurde erst in Er III publiziert.

Die Hauptarbeit jedoch galt dem Roman »*Der veruntreute Himmel*«. Als sich Alma an der französischen Riviera nach einer Sommerwohnung umsah, erreichte sie im Haus ihrer Freundin Annemarie Meier-Graefe (die 1949 Hermann Broch heiratete) die Nachricht, daß Werfel einen Herzinfarkt erlitten habe. Nur langsam erholte er sich; doch Ende Juli war es soweit, daß er nach Sanary-sur-mer übersiedeln und die Arbeit wieder aufnehmen konnte. Werfel und Alma wohnten in einem alten Turm, den sich ein französischer Maler hatte ausbauen lassen, »Le Moulin gris« genannt. Auch Sanary war, wie Zürich, Paris und London, von Emigranten bevölkert. Lion Feuchtwanger, Wilhelm Herzog, Ludwig Marcuse, Robert Neumann, Friedrich Wolf und Arnold Zweig lebten mehr oder minder vorübergehend in dem Fischerort, der es damals noch war. In seinem Erinnerungsbuch »Ein leichtes Leben« (1963) erzählt ROBERT NEUMANN von dieser Emigrantenkolonie.

»Der veruntreute Himmel. Die Geschichte einer Magd« erschien 1939 bei Bermann-Fischer in Stockholm. Der Roman wurde in Holland gedruckt, infolgedessen befand sich dort auch der größte Teil der gelagerten Exemplare. 1940, unmittelbar nach der Okkupation Hollands, wurden die Bestände von der Gestapo beschlagnahmt. Wohin sie gebracht wurden, weiß man nicht, jedenfalls wurden sie nicht an Ort und Stelle makuliert. Einige wenige Exemplare wurden »sichergestellt«, wie der offizielle Terminus technicus für stehlen lautete.

Diesen »sichergestellten« Exemplaren, die nach Deutschland geschmuggelt wurden, ist es zu verdanken, daß dort einige Menschen den Roman lasen. Nach Kriegsende ergab sich dann der eigenartige Fall, daß das Werk zuerst in der Bühnenbearbeitung von Ladislaus Bush-Fekete und Mary Helen Fay bekannt wurde. Die Heidelberger Städtischen Bühnen brachten nämlich am 24. Oktober 1948 im Rahmen der »Festspielwoche des Ostdeutschtums« diese Dramatisierung des Romans heraus. Im deutschen Buchhandel war das Werk erst später erhältlich.

Wie in seinem früheren Roman »Jeremias. Höret die Stimme« handelt es sich in »Der veruntreute Himmel« um eine Rahmenerzählung, nur diesmal ungleich komplizierter, kunstvoller und ganz in die Binnenhandlung verwebt. Das Buch ist in der ersten Person erzählt und hat somit die Fiktion des Bekenntnishaften; und der Kenner von Werfels Leben entdeckt denn auch unschwer autobiographische Züge. Die kultivierte Geselligkeit im Landhaus der Argans erinnert an die in den Werfelschen Wohnungen in Wien bzw. in Breitenstein am Semmering. In dem schrecklichen Tod des jungen Philipp und der Krankheit seiner Schwester hat Werfel noch einmal, wie schon in früheren Werken, seine Trauer um seine schöne Stieftochter Manon Gropius festgehalten. Die Heldin des Romans, die böhmische Herrschaftsköchin Teta Linek besaß ein wirkliches Vorbild in Almas Haushalt. In dem Schicksal des Erzähler-Autors Theo, der als Emigrant in Paris die Geschichte von der Magd Teta und dem Untergang Österreichs niederschreibt, ist ein Parallelschicksal zu Werfels eigenem offenkundig.

Man reiht Teta oft als Nachfolgerin der Barbara und als Vorläuferin der Bernadette ein, denn alle diese Frauengestalten haben gemeinsam, daß für sie Religion Geborgenheit, Sicherheit, Glück bedeutet. Teta Linek hat »ihr ganzes Leben ausschließlich im Hinblick auf das Bleibende« ausgerichtet. Das kommt besonders bei der Totenwache, die sie bei dem verunglückten Philipp hält, zum Ausdruck, wo sie die einzige ist, für die das Mysterium des Todes »in der Ordnung des Ganzen sinnvoll an seinem Platz« steht. Schon in Werfels 1932 in Wien gehaltener Rede »Können wir ohne Gottesglauben leben« hatte er den »naturalistischen Nihilismus« als das Grundübel unserer fortschrittsgläubigen Welt bezeichnet. Dieser naturalistische Nihilismus tritt uns in »Der veruntreute Himmel« in der Person des Neffen Mojmir Linek entgegen. Sein Betrug stürzt Teta in die tiefste Verlorenheit, aus der sie nur Buße und Liebe retten können. Im letzten Kapitel des Romans, das die Überschrift »Kleiner Epilog in einem Park« trägt, erkundigt sich der exilierte Kaplan beim Erzähler, warum er in diesen unwirtlichen Zeiten voll brennender Probleme – im Frühjahr 1939 – ausgerechnet die Geschichte einer tschechischen Köchin erzählenswert gefunden hätte. Die Erklärung des Erzählers enthält in nuce Werfels Lebensphilosophie, daß der »Aufstand gegen die Metaphysik die Ursache unseres ganzen Elendes ist«.

Im September 1938 begann Werfel den Roman »*Cella oder die Überwinder*« zu konzipieren. In den Notizbüchern in UCLA findet man als Untertitel »Krankheit, die zum Leben führt«. Das erste Buch des unvollendeten Romans besteht aus zwölf Kapiteln, wovon das neunte in veränderter Form als Erzählung unter dem Titel »*Die wahre Geschichte vom wiederhergestellten Kreuz*« 1942 zuerst im Privatdruck der Pazifischen Presse erschien. Die ursprüngliche Fassung, in der der Kaplan Ottokar Felix mit den Juden nach Dachau verschleppt wird, ist eindrucksvoller als die spätere, in der er nach Amerika flieht, wo er die Geschichte von dem Märtyrertod des Rabbiners erzählt. Vom zweiten Buch des Romans, das »Das Brot der Fremde« heißen sollte, sind nur die Kapitelüberschriften und einige Notizen erhalten. Werfel ließ die Arbeit im März 1939 liegen, »weil, wie er selbst sagte, die Zeit das Werk überholt habe« (Er III, S. 460, Mitteilung des Hrsgs.). Eher als daß »die Zeit das Werk überholt habe«, möchte man meinen, es sei vielleicht noch nicht Zeit genug vergangen, um eine epische Gestaltung der düsteren Ereignisse möglich zu machen. In »Der veruntreute Himmel« hatte Werfel mit Hilfe der Rahmenerzählung und der Ironie die Schwierigkeiten der fehlenden zeitlichen Distanz zum dargestellten Thema überwunden. Vielleicht zweifelte er, daß ihm dies ein zweites Mal gelingen würde.

Zu dieser Zeit entstanden auch einige kleinere Tagesarbeiten. Die Glückwünsche an den Schutzverband deutscher Schriftsteller tragen die Überschrift »Lebenskraft! Zukunftshoffnung!«. Sie erschienen 1938 in der Sondernummer des ›Schriftsteller‹ in Paris. Den Essay »Das Geschenk Israels an die Menschheit. Eine Liste mit Kommentar« veröffentlichte ›Das Neue Tage-Buch‹ VI, am 26. November 1938. Werfel versuchte hier am Beispiel von Karl Marx, Siegmund Freud, Jacques Offenbach und Marcel Proust zu zeigen, wieviel die Juden zur westlichen Kultur beigetragen haben

Am 14. Dezember fuhr Werfel nach Paris und verhandelte mit der Warner Bros. Filmgesellschaft wegen der Verfilmung seines Dramas »Juarez und Maximilian«. – In einem Brief vom 26. Dezember 1938 an Gottfried Bermann-Fischer spricht er sich merkwürdig optimistisch über seine Lage aus (BF, S. 174).

Anfangs 1939 versuchte er wieder durch Reden und Aufsätze Einfluß auf das Tagesgeschehen zu nehmen. Am 14. Januar hielt er in Paris einen Vortrag, »*Ohne Divinität keine Humanität*«. Es erschien ihm merkwürdig, so betonte er, »eine Sprache zu sprechen, die mein ein und alles ist und die mir doch beinahe nicht mehr gehört«. Nach St. Germain, wo er sein Arbeitszimmer hatte, zurückgekehrt schrieb er weiter an »Cella«, unterbrach aber den Roman wieder zugunsten essayistischer Arbeiten. Am 1. Februar erschien in ›Die Österreichische Post. Courier Autrichien‹ (I, Nr. 4) der Artikel »Heimkehr ins Reich«, dessen Titel auf die Propaganda-Formel der österreichischen und sudetendeutschen Nationalsozialisten »Wir wollen heim ins Reich« anspielt. Aktuellen Bezug besitzt auch ein Artikel mit dem umgekehrten Grillparzerschen Schlagwort »Von der Bestialität durch die Nationalität zur Humanität«, der ebenfalls im Februar 1939 in den ›Österreichischen Nachrichten‹ (Paris) erschien. Trotz der gespannten politischen Lage, unter der Werfel sehr litt, schritt die Arbeit an »Cella« voran, wenn auch mit zunehmendem Unmut. Das zwölfte und zugleich letzte vollendete Kapitel des Fragments ist »St. Germain, 31. Jänner 1939« datiert.

Am 15. März 1939 marschierte die deutsche Wehrmacht in Prag ein; Hitler verleibte den Rest der Tschechoslowakei als Reichsprotektorat Böhmen-Mähren seinem Herrschaftsgebiet ein. Werfels Stimmung verdüsterte sich zusehends und am 26. März schrieb er an Bermann-Fischer: »Die Dinge entwickeln sich einem Abgrund entgegen, schlimmer als der Krieg. Heute kommt einem der März 38 wie ein gemütlicher Monat vor. Wo werden wir sein im März 40??«(A, o. S.) Nach dem Angriff der deutschen Armee auf Polen am 1. 9. 1939 und der Kriegserklärung Englands und Frankreichs am 3. September verschärfte sich die Situation der deutschen Emigranten und damit Werfels Lage. Am 11. September, einen Tag nach seinem 49. Geburtstag, berichtet er in seinem Tagebuch (UCLA) von einer Vorladung auf die Gendarmerie. Er fürchtete, ohnmächtig zu werden, als der Kommissär auf der Sureté in einer schwarzen Liste blätterte. Als sich die Vorladung schließlich als Irrtum erwies, zeigte Alma dem Kommissär Werfels Photographie in der Zeitschrift ›Match‹ mit dem Untertitel: »Un des plus grands Ecrivains Contemporains«. Diese Zeitschrift trug Alma stets in ihrer Handtasche. Trotz dieser und anderer persönlicher Belästigungen setzte Werfel seine schriftstellerische Tätigkeit mit unverminderter Intensität fort. Am 16. September 1939 erschien in ›Das Neue

Tage-Buch‹ der Artikel »Les deux Allemagne. Ein Beitrag zu einer tragischen Diskussion«. Darin betonte er die Notwendigkeit einer Union aller kleinen Völker, die »die organische Erbin der vielhundertjährigen alten Monarchie werden« könnte.

Von Beginn des Jahres 1939 bis Ende Mai pendelten die Werfels zwischen Paris bzw. St. Germain und Sanary hin und her, mit Abstechern nach Vichy, wohin Werfels Eltern emigriert waren. Werfels Vater erlitt dort einen Schlaganfall und starb am 31. Juli 1941 in Vichy, als Franz schon in Amerika war. Anfang Juni 1939 sah Werfel auch seinen Prager Jugendfreund, den Schriftsteller Willy Haas, zum letzten Male. Haas war auf der Durchreise nach Indien in Cagnes sur Mer bei Walter Hasenclever, und Werfel war von Sanary gekommen, um Abschied zu nehmen. Als die drei Freunde vor dem Zug, der Haas nach Triest bringen sollte, standen, drückte Werfel in einer für ihn typischen Geste einen Tausendfrancschein in die Hand von Willy Haas. Denn der »Weltfreund« liebte die Menschen nicht nur theoretisch, sondern, getreu seiner Vorstellung von Brüderlichkeit, auch praktisch. Es ist möglich, daß dieses Wiedersehen mit Willy Haas Jugenderinnerungen in Werfel wachrief, denn er schrieb 1939 »*Weißenstein der Weltverbesserer*« (siehe S. 22). Die Geschichte von Weißenstein hatte noch ein Nachspiel. In einem Brief vom 3. Juli 1942 an Johannes Urzidil, den mir dieser zur Verfügung stellte, forderte Werfel ihn auf, das Schicksal Weißensteins selbst zu schildern, was Urzidil denn auch in seinem Buch »Prager Triptychon« (1960) tat.

Werfel zwang sich zur Arbeit, und im Januar 1940 entstand in Sanary eines seiner schönsten Gedichte, »Prolog vom Besuch«. Im selben Jahr entstand noch die Novelle »*Eine blaßblaue Frauenschrift*«, die 1941 erschien. Sie behandelt das für Werfel so wichtige Thema eines jüngsten Gerichts. Rein vordergründig gesehen gehört die Novelle zum Kreis der sich mit Antisemitismus und Exil befassenden Werke.

Nachdem Belgien kapituliert hatte (28. Mai 1940), verließen Werfel und Alma endgültig Sanary und wandten sich zunächst nach Marseille. Inzwischen war das Reisen äußerst beschwerlich geworden und nur gegen sehr viel Geld und gute Worte war ein Taxichauffeur zu bewegen, sie über Land zu fahren. Die Züge waren überfüllt, ebenso die Hotels, und vor allen Ämtern standen Menschenmengen Schlange. Eine Ausreisebewilligung aus Frankreich und ein Visum nach Amerika waren sehr schwer zu erlangen. Nach der Niederlage Frankreichs verließen die Werfels am 18. Juni 1940 Marseille und gelangten auf abenteuerlicher Flucht über Carcassonne, Biarritz, Hendaye, St. Jean de Luz und Pau am 27. Juni nach Lourdes. Im Hotel ›Vatican‹ machte Werfel die Bekanntschaft des Stuttgarter Bankiers Stefan S. Jakobowicz. Sie sollte ihm – in des Wortes wahrer Bedeutung – teuer zu stehen kommen. Dieser Herr Jakobowicz amüsierte Werfel mit der Geschichte seiner Flucht aus Paris in Begleitung eines polnischen Obersten; später verlangte er einen prozentualen Anteil für die Verwertung seiner Geschichte in dem Lustspiel »*Jacobowsky und der Oberst*«. Während seines Aufenthaltes in Lourdes wurde Werfel genauer mit den Begebenheiten, die sich dort in der zweiten Hälfte des 19. Jhs. abgespielt hatten, vertraut. Er legte in Lourdes ein Gelübde ab, er werde zu Ehren der Hl. Bernadette ein Buch schreiben, wenn es ihm gelänge, sich nach Amerika zu retten.

Am 16. Juli berichtete die ›New York Post‹ von einer Radiosendung des BBC, der zufolge Werfel erschossen worden sei. Die Nachricht erwies sich als falsch. Weder Werfels dichterische Laufbahn noch seine Irrfahrten waren zu Ende. Über Marseilles, Perpignan, Cerbère, Port Bou gelangten Werfel und Alma, nun in Begleitung von Heinrich Mann, dessen Frau Nelly und dessen Neffen Golo Mann nach Spanien und endlich nach Portugal, von wo aus sie mit einem griechischen Dampfer, der ›Nea Hellas‹, sich nach Amerika einschifften.

Literatur zum französischen Exil:

ANNETTE KOLB: Blätter in den Wind, 1954, S. 217–218.
IVAN GEORGE HEILBUT: F. W. in Marseilles. In: Stuttgarter Ztg., Nr. 196, 27. Aug. 1955.
MAHLER-WERFEL: S. 278–321.
ROBERT NEUMANN: Ein leichtes Leben. Bericht über mich selbst u. Zeitgenossen, 1963, S. 57–60, 63–66.

Von der reinsten Glückseligkeit des Menschen

Hs.: Bisher nicht auffindbar.
Entst.: 1937.
Erstdruck: Von der reinsten Glückseligkeit des Menschen. Stockholm: Bermann-Fischer 1938. 50 SS. = Schriftenreihe ›Ausblicke‹.
Wieder in: Zwischen oben und unten, 1946, S. 151–195.

Literatur:

GEORGE C. BUCK: The Non-Creative Prose of F. W. In: Foltin I, S. 83–95. – FOLTIN II, S. 174–178.

Gedichte aus dreißig Jahren

Enthält Gedichte aus früheren Lyrikbänden und 17 im Jahre 1938 entstandene Gedichte.
Erstdruck: Gedichte aus dreißig Jahren. Stockholm: Bermann-Fischer 1939. 251 SS. (100 num. Exempl.).
Heute: LW.

Literatur:

ALFRED WOLFENSTEIN: Gedichte – trotz alledem. In: Die Zukunft (Paris), 14. Juli 1939.

Der veruntreute Himmel

Hs.: U. of Texas (232 SS.).
Entst.: 1938.
Erstdruck: Der veruntreute Himmel. Die Geschichte einer Magd. Roman. Stockholm: Bermann-Fischer 1939. 414 SS. – Amsterdam: Bermann-Fischer 1948. 360 SS.
Heute: Frankfurt: S. Fischer 1965 u. Fischer Bücherei 9.

Literatur:

BLANCHE MARY KELLY: The Immortal Taste. In: Catholic World CLII (Febr. 1941), S. 589–594. - KARL ESCHER: F. W.s unbekannter Roman. In: Aufbau (Berlin), I, Nr. 1 (1946), S. 102–103. – G. WOLF: »D. v. H.« In: Stimmen der Zeit CL, Nr. 12 (1951/1952), S. 479 bis 480. – GRENZMANN II, S. 306–308. – ALOIS WURM: Auch ein Kapitel über Glaube u. Liebe. In: Seele (Regensburg) XXVIII, Nr. 3 (1952), S. 56–59. – BRUNNER, S. 117–128. – GRENZMANN I, S. 277–278. – COUSSENS, S. 117–138. – ULRICH WILDENHOF: »D. v. H.« im Deutschunterricht. In: Wirkendes Wort X, Nr. 3 (Juni 1960), S. 176–184. – DUWE, Bd. 1, S. 496–497. – HERMAN PONGS: Romanschaffen im Umbruch der Zeit, 1963, S. 131–133.

Cella oder Die Überwinder

Hs.: U. of Pennsylvania (281 SS. u. 317 Typoskript), UCLA (Notizen, 17 SS.).
Entst.: Sept. 1938–März 1939.
Erstdruck: Er III (mit Ausnahme von »Die wahre Geschichte vom wiederhergestellten Kreuz«. Los Angeles: Privatdruck der Pazifischen Presse 1942. 49 SS.).
Heute: Er III u. Berlin/Weimar: Aufbau Verlag 1970.

Literatur:

MAX BROD: Zwei unbekannte, jüdisch-nationale Novellen W.s. In: Israelitisches Wochenblatt f. d. Schweiz, 15. April 1955, S. 41. - COUSSENS, S. 105–116. – MITTENZWEI, S. 309. – LEA I, S. 64–72, 155–158, 194–206. – HENRY A. LEA: W.s Unfinished Novel: Saga of the Marginal Jew. In: GR XLV, Nr. 2 (März 1970), S. 105–114

Die wahre Geschichte vom wiederhergestellten Kreuz (siehe auch
»Cella«)

Hs.: UCLA (26 SS.).
Entst.: Sept. 1938–Jan. 1939.
Erstdruck: Die wahre Geschichte vom wiederhergestellten Kreuz.
Los Angeles: Privatdruck der Pazifischen Presse 1942. 49 SS. (250
num. Exempl.).
Heute: Er III.

Literatur:

BLAUHUT, S. 126.

Eine blaßblaue Frauenschrift

Hs.: U. of Pennsylvania (70 SS.).
Entst.: Febr.–April 1940.
Erstdruck: Eine blaßblaue Frauenschrift. Buenos Aires: Editorial
Estrellas 1941. 155 SS.
Heute: Er III.

Literatur:

MAX BROD: Erzählungen aus zwei Welten. Bemerkungen zum dritten Nachlaßband W.s. In: Die Zeit, 20. Jan. 1955. – W. A. WILLI-
BRAND: siehe unter *In einer Nach*t. – BRUNNER, S. 47–49.

6. Letzte Jahre in Amerika (1940–1945)

Am 13. Oktober 1940 um neun Uhr früh legte die ›Nea Hellas‹ in Hoboken im nord-östlichen New Jersey, einem Teil des
New Yorker Hafens, an. An Bord waren außer Franz und Alma
Werfel noch andere bekannte deutsche Emigranten, so Heinrich
und Nelly Mann, Thomas Manns Sohn Golo, Alfred Polgar,
Konrad Heiden, Walther Victor und Friedrich Stampfer, der
Herausgeber des ›Vorwärts‹. Sie wurden von Dr. Franz King-
don, dem Vorstand des Emergency Rescue Commitee, welches
ihnen die Einreise nach den Vereinigten Staaten ermöglicht hatte, begrüßt und von verschiedenen Reportern interviewt. Werfel blieb etwa zehn Wochen in New York. Ohne sich von den
Strapazen der Flucht eine Ruhepause zu gönnen, hielt er Vorträge (an der Columbia University am 1. Dezember im Institute
of Arts and Sciences über »Can we live without believing in
God«) und verfaßte den Artikel »Unser Weg geht weiter« für
den New Yorker ›Aufbau‹ (VI, Nr. 52, am 27. Dezember 1940
erschienen). Am 30. Dezember kamen Werfel und Alma in Los
Angeles an, wo Freunde für sie ein Haus gemietet hatten.

Fast unverzüglich machte sich Werfel nun daran, sein Versprechen einzulösen und »*Das Lied von Bernadette*« zu schreiben. Die Geschichte der aus dem Gleichmaß des proletarischen Alltags herausgerissenen und unter die Glorie der Gnade gestellten Bernadette Soubirous und die damit verbundenen Ereignisse in Lourdes hatten vor Werfel u. a. schon Zola (»Lourdes« 1894) und Huysman (»Les Foules de Lourdes« 1908) erzählt. Während aber Zola und Huysmans die kommerziellen Aspekte und die gefühlsmäßig – kitschige Seite betonen, geht es Werfel um die Evidenz der mystischen Erfahrung. Der Roman ist in Anlehnung an den Rosenkranz strukturiert, was einmal aus der Einteilung in fünf Reihen zu je zehn Kapiteln hervorgeht, dann auch aus der Überschrift des fünfzigsten Kapitels, »Das fünfzigste Ave«. Da Hagiographie selten profitabel ist, hatte Werfel während der Arbeit an dem Roman keine Ahnung, daß er im Begriffe war, einen Bestseller zu verfassen. Öfters sagte er zu seiner Frau, daß seine Bernadette kaum jemanden interessieren würde. Jedoch das Unerwartete geschah. Das Buch wurde ein großer, spektakulärer Erfolg, und als der Book-of-the-Month-Club es 1942 annahm und 1943 der Bernadette-Film gedreht wurde, blieb auch der finanzielle Erfolg nicht aus.

Werfel gab seinem Roman »Ein persönliches Vorwort« auf den Weg mit, das den Unmut mancher Zeitgenossen erregte, den ERICH VON KAHLERS und THOMAS MANNS. Werfel bekennt darin, er habe den Roman ex voto geschrieben. »Dieses Buch ist ein erfülltes Gelübte [. . .]. Schon in den Tagen, da ich meine ersten Verse schrieb, hatte ich mir zugeschworen, immer und überall durch meine Schriften zu verherrlichen das göttliche Geheimnis und die menschliche Heiligkeit, – des Zeitalters ungeachtet, das sich mit Spott, Ingrimm und Gleichgültigkeit abkehrt von diesen letzten Werten unseres Lebens.« Kahler bezichtigte Werfel, er habe sein höchstprivates Gelübde zum »sensational lead-horse« des Romans gemacht (›Commentary‹, V, Jan.–June 1948). In einer Äußerung, die symptomatisch für ihn ist, erklärte Thomas Mann, er habe Werfel sein »Liebäugeln mit Rom [. . .] nie übelnehmen« (S. 55) können, wobei es ihm gar nicht einfiel, ein so tief religiöser Österreicher wie Werfel es war, könne anders denken und fühlen als ein norddeutscher Protestant. Die meisten Kritiker jedoch zeigten sich von dem Buch, trotz mancher Schwächen, im ganzen beeindruckt. THEODORE MAYNARD schrieb, der Roman selbst sei wohl »one of the most startling of the miracles of Lourdes« (›The Commonweal‹ XXXVI, Nr. 5, 22. Mai 1942, S. 114–115), und JOACHIM MAAS nannte Werfel »ein Genie der Frömmigkeit, das sich in der Literatur verirrt hatte« (»Das begnadete Herz«, ›NR‹ LVI, Nr. 2, Jan. 1946). In einem Brief an Maas spricht sich Werfel über seinen »unmodernen, ja aufreizend antimodernen« Roman aus. Es heißt dort:

> »In Bernadette liegt der ganze Nachdruck auf dem Mysterium selbst und auf der ›Unschuld‹ der Heldin in jedem Sinn. Vielleicht ist das am schwersten zu begreifen. Wir verlieren beim Anblick eines solchen Wesens den Glauben an die rettende Kraft ›der guten Werke‹, wir fühlen die Verdammnis unseres Wesens heilloser, die durch die Erbsünde prästabilisierte Ohnmacht, wir wähnen uns ausgeschaltet von der Möglichkeit der Gnade, der Begnadigung [...]« (S. 92).

Während er im Verdi-Roman danach gestrebt hatte, die »mythische Wahrheit« zu erschaffen, begnügte er sich in »Das Lied von Bernadette« mit der einfachen »Wahrheit« (im Vorwort heißt es: »Meine Erzählung verändert nichts an dieser Wahrheit«). Obgleich Alma nur die Traktätchen« (S. 310), die in Lourdes an allen Ecken feilgeboten werden, als Quellenmaterial erwähnt, darf man trotzdem annehmen, daß Werfel während seines Aufenthaltes in Lourdes die Protokolle der städtischen Lokalverwaltung und der Kommission des Bischofs Laurence einsah. Jean Baptiste Estrades »Les Apparitions de Lourdes: souvenirs intimes d'un timoin« (zuerst 1899 in Tour erschienen) dürfte eine Hauptquelle für Werfel gewesen sein, wie Davidheiser in seiner Doktorarbeit beweist. Das riesige Ensemble, das dem Leser im Roman vorgeführt wird, besteht durchweg aus historischen Persönlichkeiten. Selbstverständlich beschränkt sich Werfel weder auf eine chronologische Aufzählung der Ereignisse (von den 18 Erscheinungen der Bernadette behandelt er beispielsweise nur 10) noch auf eine farblose Wiedergabe des Lebenslaufes der einzelnen Personen (es gab z. B. tatsächlich die Novizenmeisterin Marie Thérèse Vauzous, wenn sie auch in Wirklichkeit weder eine Generalstochter noch Bernadettes Lehrerin in Lourdes war, sondern diese erst im Kloster von Nevers kennenlernte); er ist vielmehr darum bemüht, »den Lebensfunken aus dem Stoff zu schlagen« (Vorwort).

CHARLES H. GREEN, der behauptet, Werfels Bernadette sei »selfishly wrapped up in her Vision« (S. 11) versteht nicht, daß Werfels demütigem Kind der Gedanke an Ruhm ganz fern liegt, und MICHEL DE SAINT-PIERRES verärgerte Kritik am Porträt der Nonne Vauzous (S. 166) widerlegt sich selbst, weil er wenige Absätze später zu dem gleichen Schluß kommt wie Werfel, wenn er schreibt: »From the first she [the Mistress of Novices] chided her and never let an occasion pass to humiliate her in public«. (S. 167)

Im Januar 1941 erschienen verschiedene kleinere Aufsätze Werfels: »Thanks« in der von Klaus Mann redigierten Zeitschrift ›Decision‹ (I, Nr. 1); »Norwegische Ansprache« im ›Aufbau‹ (Nr. 2, 10. Januar); ein Nachruf auf ANTON KUH ebenfalls im ›Aufbau‹ (Nr. 5, 31. Januar). Zu dieser Zeit begannen auch amerikanische Zeitschriften Übersetzungen mancher Essays abzudrucken. So erschien eine leicht gekürzte Fassung von »Unser Weg geht weiter« als »Fighting God's Battle« in ›The Congress Bulletin‹ (VII, 6. Dezember 1940). Am 16. März 1941 sprach Werfel zum erstenmal im amerikanischen Rundfunk (National Broadcasting Co., Station KECA, Los Angeles). Das Programm hieß ›I'm an American‹ und wurde vom United States Dept. of Justice arrangiert.

Bei einem gemütlichen Abend im Frühling 1941 erzählte Werfel seinen Gästen die Geschichte des Flüchtlings Jakobowicz (vgl. S. 97). Anwesend waren Max Reinhardt und sein Sohn Gottfried, das Ehepaar Erich von Kahler, das Ehepaar Gustave O. Arlt sowie Alma. Da bei Werfels sprühendem Temperament jede erzählte Begebenheit Witz und Lebendigkeit bekam, waren die Anwesenden, besonders Max Reinhardt hingerissen, der Werfel vorschlug, diesen Stoff zum Thema eines Lustspiels zu machen. Es war die Geburtsstunde von »*Jakobowsky und der Oberst*«. Werfel schrieb die erste Szene zu seiner »Komödie einer Tragödie«, wie es im Untertitel heißt, am 30. und 31. Juli 1941. Ursprünglich dachte er an eine Farce; es zeigte sich jedoch schon während des Schreibens der zweiten und dritten Szenen Ende Juli 1942, daß ein richtiges Theaterstück daraus werden sollte. Die vierte, fünfte und sechste Szene entstand innerhalb weniger Tage vom 24. bis zum 29. August 1942 in *Santa Barbara*. Er hatte dort ein dem ›Santa Barbara Biltmore‹ Hotel gehöriges Cottage gemietet, später, nach seiner Übersiedlung nach Beverly Hills 1942, eines im Hotel ›Mirasol‹. In Santa Barbara schrieb er den größten Teil der im amerikanischen Exil entstandenen Werke. Das Franziskanerkloster mit seinem altmodischen Garten, wo er manchmal mit Pater CYRILL FISCHER, der ebenfalls aus Österreich geflüchtet war, spazierenging, war ein weiterer Anziehungspunkt von Santa Barbara.

In Kalifornien traf Werfel auch viele seiner alten Freunde wieder, die von der Emigration ebenfalls dorthin verschlagen worden waren, so Thomas und Heinrich Mann, Bruno Frank, Arnold Schönberg, Friedrich Torberg, Bruno Walter und Lotte Lehmann. Andere emigrierte Schriftsteller und Künstler wie Erich Maria Remarque und Oskar Homolka kamen neu zu seinem Bekanntenkreis hinzu. Doch blieb sein Umgang nicht auf deutschsprachige Emigranten beschränkt. Der amerikanische Universitätsprofessor GUSTAVE O. ARLT wurde nicht nur der Übersetzer seiner letzten Werke, sondern zugleich der engste Vertraute seiner letzten Jahre. Die Germanisten Harold von Hofe und Meyer Krakowski fanden sich ebenfalls zu Gesellschaften bei Werfel ein.

Im Jahre 1942 publizierte Werfel mehrere Aufsätze: »Manon« in ›The Commonweal‹, XXXVI, am 1. Mai; die erweiterte Einleitung zu den Verdi-Briefen in englischer Sprache; »Stefan Zweigs Tod« (eine bei der Gedächtnisfeier in Los Angeles gehaltene Rede, in ›Stefan Zweig‹ hrsg. von Hanns Arens, o. D.); »Zum Gedächtnis Gustav Mahlers« in ›Freies Deutschland‹ (Mexico, D. F.) Nr. 7, am 15. Mai; »Writing Bernadette« in ›The Commonweal‹, XXXVI, am 29. Mai; »War and Literature« in ›America‹, LXVII, am 5. Dezember. Die nur auf englisch erschienenen Artikel schrieb Werfel zuerst ebenfalls deutsch; für die Veröffentlichung wurden sie dann übersetzt.

Doch nicht alles, was Werfel damals schrieb, fand Erfolg. Mit FRIEDRICH TORBERG zusammen verfaßte er ein Drehbuch, in dessen Mittelpunkt die historische Figur der Zorah Pasha stand, eine Schwester des ersten Khediven von Ägypten, die erst kurz vor dem 1. Weltkrieg, angeblich 100 Jahre alt, starb. »*The Love and Hatred of Zorah Pasha*« wurde, wie mir F. Torberg mitteilte, nicht für ein bestimmtes Filmstudio geschrieben und auch von keiner Filmgesellschaft gekauft. Nach dem Erfolg von »Das Lied von Bernadette« war Werfel an einer finanziellen Auswertung des Stoffes nicht mehr interessiert. – Am 25. September 1942 übersiedelten Werfel und Alma in ihr eigenes Haus, 610 North Bedford Drive im eleganten *Beverly Hills*. Werfel bewohnte es bis zu seinem Tod.

Am 20. Januar 1943 wurde Werfel die erste Fassung von George Seatons Drehbuch für den Film »The Song of Bernadette« vorgelegt; die zweite Fassung datiert vom 19. Februar, die dritte und endgültige vom 8. März. Werfel hätte gern die Schauspielerin Helene Thimig in der Rolle der Bernadette gesehen, doch war der 20th Century Fox Filmgesellschaft daran gelegen, eine verhältnismäßig unbekannte Schauspielerin, deren Name nicht zu eng mit anderen Rollen assoziiert würde, zu finden. Die Wahl fiel auf Jennifer Jones. (Helene Thimig trat 1958 in der Rolle der Schwester Marie Thérèse Vauzous in der von Richard Miller besorgten Dramatisierung des Romans im Theater in der Josefstadt in Wien auf.) – Im März 1943 korrespondierte Werfel mit LADISLAUS BUSH-FEKETE über die Dramatisierung seines Romans »Der veruntreute Himmel«, der am 31. Oktober 1944 von der Theatre Guild im National Theatre in New York als »Embezzled

Heaven, a new play by Ladislaus Bush-Fekete and Mary Helen Fay based on the novel by Franz Werfel« aufgeführt wurde. Die hervorragende Besetzung (Ethel Barrymore als Teta und Albert Bassermann als Papst) fand größeren Beifall als das Stück. – Um diese Zeit begann CLIFFORD ODETS die amerikanische Bühnenbearbeitung von »Jacobowsky und der Oberst«. Werfel nahm verschiedene Änderungen vor, und so entstand die zweite Fassung des Stückes. Der ursprüngliche Titel »It's a long way to St. Jean de Luz oder Jacobowsky und der Oberst« wurde damals auch zugunsten des kürzeren fallengelassen. Werfel war freilich mit der Art der Bearbeitung von Odets gar nicht einverstanden und so gab dieser das Projekt auf.

Mittlerweile rückte der Plan des Romans »*Stern der Ungeborenen*« in den Mittelpunkt von Werfels Interesse. Im Mai des Jahres verfaßte er in Santa Barbara die Rohschrift der ersten 5 Kapitel seines »Reiseromans«, wie er ihn nannte. Am 9. Juni verlieh ihm die University of California at Los Angeles ein Ehrendoktorat, das ihn und seine Familie mit Stolz erfüllte. Den Juli und August verbrachte er mit einer neuerlichen Umarbeitung von »Jacobowsky«. Inzwischen war SAM N. BEHRMAN, wie Odets ein bekannter amerikanischer Dramatiker, dafür gewonnen worden, die amerikanische Bühnenbearbeitung vorzunehmen. Auch diese Bearbeitung blieb für Werfel unbefriedigend. Er hatte, aus unmittelbarem Erleben, versucht, das europäische Elend im kapitulierenden Frankreich darzustellen, mit leichter Hand zwar und in Form einer abenteuerlichen Komödie. Behrman aber machte ein Salonstück daraus. Im Juli 1943 nahm Werfel nochmals die Arbeit an »Jacobowsky« auf und schrieb das Stück zum viertenmal um.

Zu Max Reinhardts Geburtstag am 9. September veröffentlichte er einen Beitrag mit dem Titel »Der Erlöser des deutschen Theaters« (›Aufbau‹, Nr. 37, 10. September 1943). Auch sein Vorwort zu Hermann Borchardts Buch »Die Verschwörung der Zimmerleute« entstand 1943. Am 13. September erlitt Werfel einen Herzanfall, dem am 29. ein zweiter folgte. Man fürchtete um sein Leben. Am 14. Dezember bekam er einen erneuten Anfall. Auf seinem Krankenlager schrieb er, wenn die Schmerzen ihn nicht peinigten, Gedichte (u. a. »Totentanz«). Am 21. Dezember 1943 fand die Premiere des Bernadette-Films im Carthay Circle Theatre in Hollywood statt. Werfel konnte dieser Gala-Vorstellung nicht beiwohnen, ähnlich seiner Bernadette, die bei der Einweihung der Grotte mit Asthma und Fieber im Bett lag.

In der dritten Dezemberwoche 1943 begannen die Proben zu »Jacobowsky«. Da während der Proben noch fortwährend am

Text geändert wurde, gab es stundenlange Telephongespräche zwischen Lawrence Langner und Theresa Helburn, den Intendanten der Theatre Guild, die an der Ostküste die Aufführung vorbereiteten und Werfel, der an der Westküste lebte. Werfel widersprach den Änderungen, die der Bearbeiter Behrman mit seinem Stück vornahm, da diese es seiner Meinung nach verfälschten und sentimentalisierten. Besonders das Weglassen der Szene zwischen dem Hl. Franziskus und dem Ewigen Juden, die ihm sehr wichtig war, brachte ihn auf. Den Telephongesprächen folgten seitenlange Telegramme. Jede dieser Streitigkeiten löste bei Werfel einen wahren Zornesausbruch aus, der Niedergeschlagenheit und Erschöpfung zur Folge hatte. Nach verschiedenen Probeaufführungen (New Haven 27. Januar 1944, Boston 31. Januar, Philadelphia 14. Februar) wurde das Stück am 14. März 1944 im Martin Beck Theatre in New York aufgeführt. Auf dem Theaterprogramm stand zu lesen: »Jacobowsky and the Colonel. An American play by S. N. Behrman based on an original play by Franz Werfel« (Regie: Elia Kazan; Bühnenbild: Stewart Chaney; Jacobowsky: Oscar Karlweis; Stjerbisky: Louis Calhern; Marianne: Annabella.) Der Text des originalen Stückes erschien im Mai 1944 in der englischen Übersetzung von Gustave O. Arlt im Viking Verlag. Die deutsche Originalfassung erschien ebenfalls 1944 und zwar als Schulausgabe mit einer Einleitung und Anmerkungen von Arlt im F. C. Crofts Verlag in New York. Es war höchst ungewöhnlich, daß der Erstdruck des Werkes eines bedeutenden Dichters als Schulbuch erschien. Werfel war aber darüber gar nicht unglücklich, wie er in den ›Crofts Modern Language News‹ im Dezember 1944 ausführte.

Die europäische Erstaufführung fand am 6. Oktober in Göteborg statt, die deutsche am 17. Oktober 1944 im Stadttheater Basel (der Regisseur Franz Schnyder führte das Stück ungekürzt auf). Werfels letztes Bühnenwerk wurde von der Tageskritik fast einstimmig gelobt. Hingegen sind die Literaturgeschichten in ihrem Urteil geteilt. Während es für Duwe »ein hohes Lied auf Demut und Tapferkeit aller Wehrlosen und Verfolgten« ist (Bd. 2, S. 351), nennt es H. F. Garten ein »slight play« (S. 115). Klarmann sieht in ihm die Allegorie von dem »ewig parallelen Weg des Christenmenschen und des Judenmenschen, der sich im Unendlichen kreuzt« (›Lexikon der Weltliteratur‹, II, S. 1246).

Nach den großen Erfolgen von »Das Lied von Bernadette« und »Jacobowsky« wurde Werfel von einer Flut von Briefen heimgesucht; man wollte ihn als Redner gewinnen und sich seiner Teilnahme an Gremien versichern. Trotz seines labilen Gesundheitszustandes und seiner Arbeitsüberlastung versuchte er, tätig zu helfen, wo es ihm möglich war. Als Beispiel seien erwähnt: Er signierte Bücher, die bei einer War Bond Rally (Massenkundgebung zugunsten dem Verkauf von Kriegsanleihen) im Juli 1944 versteigert wurden. Gemeinsam mit Thomas Mann beteiligte er sich an einem Aufruf des Treasury Departments, Kriegsanleihen, sogenannte War Bonds zu kaufen. Dem Czechoslovak Committee of the United Jewish Appeal stand er mit Ratschlägen und Geldspenden bei. Zu dieser Zeit half ihm Dr. Albrecht Joseph als Sekretär, der ihm alles abnahm, was er nicht unbedingt selbst erledigen mußte. Während der Jahre 1944–45 stand ihm WILLIAM W. MELNITZ – der Wiener Regisseur und Theaterwissenschaftler und spätere Dekan der UCLA, der Werfel schon 1937 in Wien kennengelernt hatte – als Sekretär und Forschungsassistent zur Seite.

Im Frühjahr 1944 beendigte Werfel die endgültige Fassung der ersten drei Kapitel des Romans »Stern der Ungeborenen«. Im Sommer des Jahres schrieb er die Novelle »Géza de Varsany, oder Wann wirst du endlich eine Seele bekommen?«, die im Sonntagsblatt der ›Staatszeitung und Herold‹ in vier Fortsetzungen am 12., 19., 26. November und am 3. Dezember erschien. – Der Abschied von Friedrich Torberg, der im Sommer 1944 nach New York übersiedelte, fiel ihm schwer. Torberg hatte mit Alma die Nachtwachen an Werfels Krankenlager geteilt und stand ihm, neben seiner Frau und Gustave O. Arlt, menschlich am nächsten.

Um diese Zeit wandte sich die Schriftstellerin und Vortragskünstlerin EDITH ABERCROMBIE SNOW an Werfel mit dem Vorschlag eine Auswahl seiner Gedichte zu übersetzen. Anfänglich stand er diesem Unternehmen skeptisch gegenüber, doch Mrs. Snow setzte sich durch. Der Band »Poems« erschien in der Princeton University Press mit einem Vorwort des Dichters, datiert: »Beverly Hills, California, July, 1945«.

Der Sammelband »Zwischen oben und unten« erschien zuerst im Dezember 1944 in englischer Sprache in der Übersetzung von Maxim Newmark als »Between Heaven and Earth« im Verlag der Philosophical Library. Den englischen Titel für seine Essay-Sammlung fand Werfel zu sentimental, und in einem Brief vom 2. August 1944 schrieb er an den Verlag, das banale Wort »Himmel« verursache ihm Unbehagen. Die deutsche Ausgabe des Buches kam erst 1946 bei Bermann-Fischer in Stockholm heraus. Es enthält die Reden »Realismus und Innerlichkeit«, »Können wir ohne Gottesglauben leben«, »Von der reinsten Glückseligkeit des Menschen« und – in Anlehnung an die Pascalschen Pensées – »Theologumena«. Werfel wurde von jüdischer und liberaler Seite wegen seines Aufgreifens theologischer Probleme angegriffen. Doch fehlte es auch auf katholischer Seite nicht an Stimmen, die seine Ansichten als unannehmbar ablehnten, besonders diejenige, daß Juden sich nicht taufen lassen dürften, damit »der fleischliche Zeuge der Offenbarung« in der Welt bleibe. – Seinen letzten Aufsatz »Nur ein Weg zur deutschen Rettung« schrieb Werfel am 8. Mai 1945, dem Tag der bedingungslosen Kapitulation Deutschlands. Er erschien im ›Sonntagsblatt Staatszeitung u. Herold‹ (New York) am 13. Mai 1945.

Im Herbst 1944 schritt die Arbeit am »Reiseroman« (»*Stern der Ungeborenen*«) weiter voran, Ende 1944 war der zweite Teil fertig. Im August 1945 beendete Werfel schließlich den dritten und letzten Teil. Das dreizehnte Kapitel erschien als Vorabdruck im Juni-Heft der ›NR‹ mit folgender Widmung: »Das nachstehende Kapitel meines neuen, unveröffentlichten Buches widme ich dem großen Dichter der Deutschen und der Menschheit Thomas Mann in unwandelbarer Verehrung zu seinem siebzigsten Geburtstag.« In einem Interview mit der ›Santa Barbara News-Press‹ wies Werfel auf die Beziehung seines Romans zur »Göttlichen Komödie« und zu »Gullivers Reisen« hin. Die von ihm zu eingehenden Studien benutzten Schriften finden sich in seiner Bibliothek, die heute im Besitz der Universität von Californien, Los Angeles ist. Sie enthält Werke aus den Gebieten der Astronomie, Astrologie, Geologie, Geschichte, Mathematik, Philosophie und Physik. Vierundzwanzig Kapitel des Romans entstanden fast gleichzeitig mit der amerikanischen Übersetzung von Gustave O. Arlt. Zwischen ihm und Werfel bestand ein ideales Verhältnis, wie es in der Geschichte literarischer Übersetzungen selten vorkommt. Die letzten zwei Kapitel übersetzte Arlt ohne Rücksprache mit Werfel; der Tod des Dichters hatte eine solche vereitelt.

KLARMANN nennt den im Jahre 101945 n. Chr. spielenden Roman eine »gigantische Anti-Utopie, die in ihrer Größe von der heutigen, allzu flüchtigen Zeit noch lange nicht als eines der bedeutendsten Dokumente der ersten Jahrhunderthälfte erkannt wurde« (II, S. 37). Für WILLY HAAS, der als B. H. in dem Buch verewigt ist, ist es »die mächtigste, phantasievollste Utopie« schlechthin (»Ein Leben mit Franz Werfel«, in ›Schwäbische Landeszeitung‹, Augsburg, 27. August 1955).

Werfel erlebte das Erscheinen von »Stern der Ungeborenen« nicht mehr. In seinem letzten erhaltenen Brief, der am 18. August 1945 aus Santa Barbara an Torberg gerichtet ist, vergleicht er die Arbeit an seinem »Reiseroman« mit einem Ritt über den Bodensee und hofft, das Schicksal des Reiters nicht teilen zu müssen. Am 26. August starb er. Er hatte sich an diesem Sonntag mit der endgültigen Korrektur einer Ausgabe seiner Gedichte beschäftigt. Da traf ihn der Herzschlag. Bei der Bestattungsfeier am 29. August in der Kapelle der Pierce Brothers Begräbnisgesellschaft in Beverly Hills sang Lotte Lehmann zu Bruno Walters Begleitung. Die Gedenkrede hielt Abbé GEORG MOENIUS, nicht als Vertreter der Kirche, sondern als Freund. Zwar hatte der Erzbischof John J. Cantwell den Dispens zu einem kirchlichen Begräbnis erteilt, doch wurde ein solches von den Hinterbliebenen abgelehnt. Am 19. August 1957 wurde Werfel in den Rosendale Cemetery überführt. Ein einfacher flacher Stein zeigt das Grab an.

Schon nach dem Erscheinen von »Das Lied von Bernadette« war in Zeitungsberichten das Gerücht aufgetaucht, Werfel habe sich taufen lassen. Selbst der allerdings nur auszugsweise veröffentlichte Antwortbrief an ERZBISCHOF FRANCIS J. RUMMEL von New Orleans ließ die Gerüchte nicht verstummen (›Time‹ XL, Nr. 1, 4. Jan. 1943, S. 68). Nach dem Tode des Dichters hörte man, er habe auf dem Sterbebett die Nottaufe empfangen, und Hans Demetz phantasierte sogar einen betenden Kapuziner dazu, der an Werfels Bett kniete (»Weltfreunde«, S. 14). Doch Werfel, homo religiosus, der er war, starb ungetauft.

Literatur zu den letzten Jahren in Amerika:

MANN, S. 18, 27, 39, 42, 53–55, 76, 99, 106, 114–115.
MAHLER-WERFEL, S. 321–364.
KLAUS MANN, in: Der Wendepunkt. Ein Lebensbericht, 1952, S. 438 bis 439.

Das Lied von Bernadette

Hs.: U. of Pennsylvania (8 Kleinquarthefte mit über 530 SS.), UCLA (Notizen, 13 SS.).
Entst.: 2. Jan. 1941–18. Mai 1941.
Erstdruck: Das Lied von Bernadette. Roman. Stockholm: Bermann-Fischer 1941. 559 SS. [11-25] 1948 Berlin: Suhrkamp. 507 SS.
Heute: Frankfurt: S. Fischer 1966, 549 SS. = Ges. Werke u. Knaur Taschenbücher 170.

Literatur:

RAOUL E. DESVERNINE: The Song of Bernadette. A Literary Mystery. In: Catholic World CLIC (Juni 1940), S. 248–257. – MARY M. MACKEN: F. W. and The Song of Bernadette. In: Studies (Dublin) XXXII (März 1942), S. 58–62. – CHRISTOPHER MORLEY: The Song of Bernadette. In: Book-of-the-Month Club News (Mai 1942), S. 2–3. – CLIFTON FADIMAN, in: The New Yorker XVIII, Nr. 13 (16. Mai 1942), S. 72–73. – THEODORE MAYNARD: Story of a Saint. In: The

Commonweal XXXVI, Nr. 5 (22. Mai 1942), S. 114–115. – ROBERT PENN WARREN: The Lady of Lourdes. In: The Nation CLIV (30. Mai 1942), S. 653–654. – FRIEDRICH TORBERG: Polemik um ein Wunder. In: Aufbau (NY), 26. Juni 1942, S. 17. – ANON.: Mary's Vision in Lourdes as Unexpected as God's Being Born in a Stable, Says Editor. In: The Register (Colorado), VXIII, Nr. 27 (5. Juli 1942), S. 1, Sp. 1–4, S. 3, Sp. 3. – JOACHIM MAASS: Das begnadete Herz. In: Stockholmer NR, Nr. 2 (Jan. 1946), S. 82–93. – GÜNTER BLÖCKER: Romane des Glaubens. In: Athena I, Nr. 9 (1947), S. 82–83. – IDA FRIEDERIKE GÖRRES: »D. L. v. B.« In: Frankfurter Hefte II, Nr. 3 (1947), S. 316 bis 319. – DIES.: Dreimal Lourdes. In: Hochland I, Nr. 42 (1947), S. 28–41. – PATER D. MONDRONE, S. J.: »D. L. v. B.«. Hollywood, F. W. und Lourdes. In: Dokumente III, Nr. 5 (45), (1947), S. 1–8. (Übers. aus dem Italienischen.) – KARL PFLEGER: Das Zeugnis F. W.s. Tagebuchnotizen zu dem Roman »D. L. v. B.«. In: WW II, Nr. 7 (Juli 1947), S. 417–421. – ANTON BETZNER: »D. L. v. B.« Roman – nicht epischer Gesang. In: Das goldene Tor Nr. 3 (1949), S. 241–246. – BERNT VON HEISELER: Alte u. neue Erzähler. In: Zeitwende (Febr. 1949) S. 610–611. – PUTTKAMER, S. 302–306. – CHARLES H. GREEN (pseud. B. G. SANDHURST): We Saw Her, London 1953. – MICHEL DE SAINT-PIERRE: Bernadette and Lourdes, NY 1955 (Image Books), S. 165 bis 169. – BRUNNER, S. 128–142. – COUSSENS, S. 139–161. – SIEGFRIED STREICHER: Bernadette u. der Dichter. In: Schweizer Rundschau LVIII, Nr. 4 (April 1958), S. 4–13. – GRENZMANN II, S. 302–306. – LUISE RINSER: F. W. Der Schwerpunkt, 1960, S. 25–43. (Befaßt sich mit dem gesamten Spätwerk W.s.) – STÖCKLEIN, S. 229–230. – DUWE, Bd. 1, S. 497. – JOHANNES HEMPEL, S. 169–192 (s. u. *Höret die Stimme*).

Jacobowsky und der Oberst

Hs.: Arlt (Reinschrift), UCLA (131 SS.), U. of Pennsylvania (3. Fassung, 172 SS.).

Entst.: 30. Juli 1941–29. Aug. 1942.

Erstdruck: Jacobowsky und der Oberst. Komödie einer Tragödie in drei Akten. Schulausg. mit Einl., Anmerk. u. Vokabular v. Gustave O. Arlt. New York: F. S. Crofts 1945. – Stockholm: Bermann-Fischer 1944. 129 SS. (Obwohl die Stockholmer Ausg. das Datum 1944 trägt u. Arlts Schulausg. das Datum 1945, ist diese der Erstdruck.)

Heute: Dr II.

Literatur:

W. A. WILLIBRAND: siehe unter *»In einer Nacht«*. – ADOLF D. KLARMANN: Allegory in W.s »Das Opfer« and »Jacobowsky and the Colonel«. In: GR XX, Nr. 3 (Okt. 1945), S. 195–217. – FRIEDRICH TORBERG: Das tragische Gelächter dieser Zeit. In: Neuer Kurier, 4. Juni 1958, S. 5. – OSKAR MAURUS FONTANA: F. W.s Komödie einer Tragödie. In: Die Presse (Wien), 5. Juni 1958. – KRÜGEL, S. 199–202, 215–216. – LEA I, S. 159–161, 206–209. – VOGELSANG, S. 133 bis

134. – Meister, S. 223–246. – Marcel Reich-Ranicki: F. W. u. S. L. Jacobowsky. In: Die Ungeliebten. Sieben Emigranten. (= Opuscula Nr. 39), 1968, S. 13–17.

Literatur zur Bearbeitung des Werkes durch Sam N. Behrman:

Rosamond Gilder: The Gay and the Grim. In: Theatre Arts XXVIII, Nr. 5 (1944), S. 261–269.

Literatur zur Entstehungsgeschichte von »Jacobowsky«:

Gustave O. Arlt: Preface. In der von ihm hrsg. Schulausgabe, S. iii. Dass. auszugsweise in: Modern Language News. Jan. 1959. – Euphemia van Rensselaer Wyatt: The Two Mr. S. L. Jacobowskys. In: Catholic World CVIX (1944), S. 169–170. – S. N. Behrman: How Jacobowsky met the Colonel. In: NYT, 12. März 1944, Section 2, S. 1, Sp. 3–6. – Ders.: People in a Diary. In: The New Yorker XLVIII, Nr. 13 (20. Mai 1972), S. 86–96. – John Chapman: Jacobowsky and the Colonel Better Performed than Written. In: NY Daily News, 15. März 1944, S. 244. – Kappo Phelan: Jacobowsky and the Colonel. In: The Commonweal XXXIX, Nr. 24 (31. März 1944), S. 589. – Mahler-Werfel, S. 335–36.

Stern der Ungeborenen

Hs.: UCLA (3 Teile, 142, 183, 163 Blätter).
Entst.: Mai 1943–Aug. 1945.
Erstdruck: Stern der Ungeborenen. Ein Reiseroman. Stockholm: Bermann-Fischer 1946. 659 SS.
Heute: Frankfurt: S. Fischer 1946. 714 SS. u. Fischer Bücherei 206.

Literatur:

Eric Bentley: The Bishop Orders Our Tomb. In: The New Republic CXIV, Nr. 9 (4. März 1946), S. 322–323. – Alfred Werner: W.s Last Search for God. In: Jewish Frontier XIII, Nr. 4 (April 1946), S. 76–81. – Anne Freemantle, in: The Commonweal XLIV, Nr. 1 (19. April 1946), S. 16–18. Hanns Braun: Die Wendung zum Religiösen im modernen Roman. In: Hochland XLI (1948), S. 174 bis 180. – Alois Dempf: Philosophie eines Romans. In: Frankfurter Hefte V, Nr. 4 (April 1950), S. 440–443. – Ders.: Theologische Romane. In: Universitas V, Nr. 9 (Sept. 1950), S. 1033–1045. – Rudolf Leder: »St. d. U.«. Zum letzten Roman von F. W. In: Stimmen der Zeit, CXLVII, Nr. 4 (1951), S. 271–280. – Grenzmann II, S. 308 bis 314. – Puttkamer, S. 113–148. – Victor Suchy: Zukunftsvisionen des 20. Jahrhunderts. In: Wissenschaft und Weltbild V (1952), S. 338–363. – Werner Kohlschmidt: Das Motiv der entzweiten Welt. In: Die entzweite Welt, 1953, S. 155–166. – Willy Haas: Ein Leben mit F. W. In: Schwäbische Landesztg., 27. Aug. 1955. – Ellert, S. 151 bis 181. – Coussens, S. 162–164. – Klarmann II, S. 36–40. – Stöcklein, S. 230–232. – Duwe, Bd. 1, S. 497–504. – Lea I, S. 72 bis 85, 118–120, 128–130, 148–149. – Welzig, S. 302–310, 320.

– MARTA MIERENDORFF: Auf einem fremden Stern. In: Rheinischer Merkur (Köln), 28. Aug. 1970. Dass. in: Mitteilungsblatt Jewish Club of 1933 (Los Angeles).

Gedichte aus den Jahren 1908–1945

Enthält Gedichte aus früheren Lyrikbänden und einen neuen Gedichtzyklus »Kunde vom irdischen Leben« aus dem Jahre 1943.
Hs.: verstreut.
Erstdruck: Gedichte aus den Jahren 1908–1945. Los Angeles: Privatdruck der Pazifischen Presse Aug. 1946. 167 SS. (250 num. Exempl.).
Neuausgabe: Gedichte. Aus den Jahren 1908–1945. Frankfurt: S. Fischer 1953. 173 SS. Identisch mit dem Erstdruck bis auf die Gedichte »Der größte Deutsche aller Zeiten« und die »Fünf Sinngedichte«, die hier weggelassen sind.
Heute: LW.

Literatur:

ERICH KAHLER: F. W.s poetry. In: Commentary V, (Jan.–Juni 1948), S. 186–188. – KURT IHLENFELD: F. W.s Gedichte. In: Evangelische Welt VII, Nr. 22 (16. Nov. 1953), S. 672–673. – RUDOLF HAGELSTANGE: Die Sachen reimen . . . In: Dt. Ztg. u. Wirtschaftsztg., 16. Jan. 1954. – J. F. ANGELLOZ: F. W. – Gedichte. In: Mercure de France, 1. April 1954.

Allgemeine Literatur zu W.s Lyrik:

WM. K. PFEILER: German Literature in Exile. The Concern of the Poets, Nebraska, 1957, S. 84–86. – WILMA BRUN MERLAN: F. W., Poet. In: Foltin I, S. 26–38. – FRANK WOOD: The Role of ›Wortschuld‹ in: W.s Poetry. In: Foltin I, S. 39–49. – LORE B. FOLTIN: Zur Erinnerung an F. W. In: MB Wochenztg. des Irgun Olej Merkas Europa (Tel-Aviv) XXXVIII, Nr. 34, 21. Aug. 1970, S. 6.

Zwischen oben und unten

Enthält die Aufsätze »Realismus und Innerlichkeit«, »Können wir ohne Gottesglauben leben?«, »Von der reinsten Glückseligkeit des Menschen« und als Erstveröffentlichung »Theologumena«.
Hs.: UCLA (Verschiedene Fassungen, 138 SS.).
Entst.: 1937–1945.
Erstdruck: Zwischen oben und unten. Stockholm: Bermann-Fischer 1946. 368 SS. – Englisch: Between Heaven and Earth. 1944.
Heute: nicht neu aufgelegt.

Literatur:

IRWIN EDMAN: What Price Mysticism? In: SRL XXVII, Nr. 47, 18. Nov. 1944, S. 9–11. – HENRY JAMES FORMAN: F. W. Asks For Spiritual Accounting. In: NYT Book Review, 19. Nov. 1944, S. 30.

– Eric Russell Bentley: Exit F. W. In: The Nation CLIX, Nr. 24 (9. Dez. 1944), S. 723–724. – Ludwig Marcuse: In theologischen Schleiern. In: Aufbau (NY), Nr. 1, 9. März 1945, S. 8. – Henry Rubin: F. W.s Self-Hatred. In: Contemporary Jewish Record (NY), VIII, Nr. 2 (April 1945), S. 181–191. – W. A. Willibrand: The Sermon-Lectures of F. W. In: Books Abroad XIX, Nr. 4 (Okt. 1945), S. 350–355. – M[auer], in: WW II, Nr. 3 (März 1947), S. 187 bis 189. – Robert Brunner: F. W.s theologisches Vermächtnis. In: Judaica II, Nr. 2, S. 209–229. – George C. Buck: The Non-Creative Prose of F. W. In: Foltin I, S. 83–95. – Foltin II, S. 177–179.

Nachrufe:

Gustave O. Arlt: F. W., 1890–1945. In Memoriam. In: Monatshefte XXXVII, Nr. 7 (1945), S. 506–509.

Ders.: W. As His Translator Saw Him. In: SR XXI, Nr. 9 (2. März 1946), S. 20–21.

Paul Wiegler: W.s Tod. In: Aufbau (Berlin) I, Nr. 2 (Okt. 1945), S. 167–171.

Victor Wittner: W.s letzte Tage. In: Wiener Kurier, 2. Juni 1946, S. 2.

Friedrich Torberg: Gedenkrede auf F. W. In: PPP: Pamphlete, Parodien, Post Scripta, 1964 (erschien erstmals in ›NR‹ Stockholm LVI, Nr. 2, Jan 1946, S. 125–143).

Adolf D. Klarmann: F. W., The Man. In: GQ IX, Nr. 2 (März 1946), S. 113–120.

Ernst Lothar: Abschied von F. W. In: Neues Österreich, 27. Aug. 1945 (unter dem Eindruck von der Todesnachricht geschrieben).

Thomas Mann: F. W. In: Gesammelte Werke in zwölf Bänden, Bd. X, S. 500–502.

Die Werfel-Forschung befindet sich noch im Anfangsstadium. Bei einem Dichter, der erst vor 27 Jahren gestorben ist, ist dies auch kaum anders zu erwarten.

Über Werfels Leben gibt dieser Band genauere Auskunft als sie bisher zu finden war. Die Daten, Lebenstatsachen und sonstigen Einzelheiten sind, wie wir hoffen, präzise und umfassend wiedergegeben. In den verschiedenen Literaturgeschichten, Aufsätzen und Zeitungsberichten sind sie öfters teils irreführend, teils geradezu falsch. Selbst eine solche Fundgrube wie das Buch »Die literarische Welt« von WILLY HAAS verliert als historische Quelle an Wert durch das Vorwort, das er »Warnung« betitelt: Es sei ihm – so heißt es da – das Schreiben seiner Memoiren ein solches Vergnügen gewesen, daß er es sich nicht habe vergällen lassen wollen durch pedantisches Nachprüfen von Daten, chronologischer Reihenfolge usw. An mangelnder »Pendanterie«, wenn man es so nennen darf, leidet auch MAX BRODS »Streitbares Leben«, dessen erstes Drittel fast ganz Werfel gewidmet ist. ALMA MAHLER-WERFELS Autobiographie »Mein Leben« gibt intime – manchmal zu intime – Einblicke in Werfels Lebensstil und ist trotz des Mangels an Objektivität bis heute die detaillierteste Biographie Werfels, die zur Verfügung steht. Leiden die genannten Erinnerungsbücher an Unvollständigkeit, Einseitigkeit und Bemäntelung, so trifft das noch mehr auf die diversen Zeitungsartikel zu, insofern sie nicht sogar in reine Verzerrung ausarten (RENÈ ORTH läßt Werfel durch eine Giftspritze Selbstmord begehen, vgl. ›Kasseler Ztg.‹ vom 24. Aug. 1955; HANS DEMETZ läßt ihn mit den hl. Sterbesakramenten versehen sterben, vgl. ›Tiroler Tagesztg.‹ vom 6. Feb. 1971). Eine wissenschaftlichen Ansprüchen genügende Biographie steht noch aus. Eine solche müßte vor allem die Tagebücher und Notizbücher auswerten, die im Werfel-Archiv an der UCLA aufbewahrt werden, ebenso die Briefe an seine Frau (UCLA), die z. T. noch ungeordnet sind. Dazu wäre auch nötig, daß das Archiv-Material in der UCLA geordnet und katalogisiert würde. Das gleiche trifft auf die Archive an der U. of Pennsylvania und an der Yale U. zu (s. S. 2 bzw. 3).

Eine verläßliche Bibliographie, für die wissenschaftliche Beschäftigung mit Werfels Werk unentbehrlich, existiert nicht. GERO VON WILPERTS und ADOLF GÜHRINGS »Erstausgaben deutscher Dichtung. Eine Bibliographie zur deutschen Literatur

1600–1960« weist zahlreiche Fehler auf. Das gleiche gilt bedauerlicherweise von den meisten Teilbibliographien, die in Dissertationen und als Anhang zu Artikeln erschienen sind.

Eine kritische Darstellung von Werfels gesamtem Schaffen steht ebenfalls noch aus. SPECHTS Buch »Franz Werfel, Versuch einer Zeitspiegelung« endet mit dem Jahr 1925, außerdem ist es für den heutigen Geschmack zu geschwätzig. PUTTKAMERS verdienstvolle Monographie läßt manche Werke und Werkfragmente außer acht. BRASELMANNS Anschauung, daß Werfels bleibender Beitrag die theologische, nicht die dichterische Aussage sei, ist einseitig und erklärt seinen Exkurs »Die Frau – Magd und Heilige«, in dem der Verfasser die vielen Werfelschen Hexen und bösartigen Frauengestalten wie z. B. Klara in »Der Tod des Kleinbürgers« einfach übergeht. FOLTINS »Franz Werfel: 1890–1945« ist ein Sammelband, der nur gewisse Aspekte von Werfels Werk behandelt; es fehlt darin z. B. ein Beitrag über die Romane. Auch ZAHNS Buch, das sich weitgehend auf Almas »Mein Leben« stützt, genügt nicht den Ansprüchen einer kritischen Wertung. Eine Gesamtdarstellung des Werks stellt daher eine wichtige Aufgabe der Forschung dar, wobei die Akzentsetzung auf den Dichter Werfel, nicht den Denker und Theologen fallen sollte.

Eine weitere Aufgabe der Forschung wäre eine Interpretation der Gedichte Werfels. Auch wäre es lohnend, die ideengeschichtlichen Einflüsse, vor allem die Bachofens, Bergsons, Schopenhauers und Nietzsches auf Werfels Werdegang zu untersuchen. Eine literatursoziologisch ausgerichtete Studie liegt ebenfalls noch nicht vor. Werfels Verhältnis zu den von ihm so bewunderten Russen, zu Tolstoi, Dostojewskij und Turgenjew, ist noch keineswegs erschöpfend behandelt. Das gleiche gilt von seinem Verhältnis zur Musik; es überrascht, daß es z. B. noch keine größere Arbeit über seine Verdi-Libretti gibt. Auch die Aufsätze über die dichterische Sprache bedürfen einer Analyse. Begrüßenswert wäre auch eine umfassende Studie über die dichterischen Symbole Werfels in den verschiedenen Phasen seiner Entwicklung (z. B. die Wandlung der ernst aufzufassenden mutterrechtlichen Symbole im Frühwerk zur mutwilligen Ambivalenz im Spätwerk). KLARMANN (II, S. 27) hat die Sonnen- und Planetensymbolik, die von »Esther, Kaiserin von Persien« bis zum »Stern der Ungeborenen« reicht, erwähnt, doch hat bis jetzt niemand diesen Ansatz weiter ausgearbeitet. Auch Werfels Beitrag zur Vorgeschichte des epischen Theaters harrt noch der Entdeckung. Andere Aspekte des Werks, deren neuerliche Erörterung sich lohnen würde, sind das Verhältnis zum Expressionismus, das Geschichtsbild und die Wandlungen in der Erzähltechnik und Dramaturgie.

Die vergleichende Textkritik hat bei Werfel noch nicht eingesetzt; darum wäre die Edition einer historisch-kritischen Gesamtausgabe im jetzigen Zeitpunkt auch verfrüht. Bis es soweit ist, bleibt KLARMANNS Ausgabe der »Gesammelten Werke« für die wissenschaftliche Beschäftigung mit Werfels Werk maßgebend, obwohl zu bedauern ist, daß der Verlag den Romanen keinen Kommentar beigab und die Libretti fehlen. Die Veröffentlichung der Essays und der Briefe sind ein dringendes Desiderat. – Dissertationen über Werfel sind in stetigem Wachsen begriffen, besonders in den Vereinigten Staaten.

Über die Wirkung, die Werfel auf seine Zeitgenossen ausübte, äußerten sich begeistert sein Verleger KURT WOLFF und RAINER MARIA RILKE (s. S. 29–31, 36). Nach dem zweiten Weltkrieg sprach man in Deutschland eine nüchternere Sprache als die Werfels. Die Nullpunktgeneration mißtraute den Beteuerungen der Verbrüderung und der religiösen Erschütterung. Doch wenn Werfels Stern momentan auch nicht gerade im Aufsteigen begriffen ist, so darf man trotzdem hoffen, daß die Zeit noch kommen wird, wo er, wie FRIEDRICH TORBERG es ausdrückt, »wird erkannt sein als ein echter Dichter« (»Gottes Kind und Gottes Sänger«, in: ›Welt und Wort‹, VI, Nr. 5, Mai 1956).

Gesamtdarstellungen:

HAROLD VON HOFE: German Lit. in Exile: F. W. In: GQ XIX, Nr. 4 (Nov. 1944), S. 263–272.

DERS.: F. W. and the Modern Temper. In: The Christian Century (10. Jan. 1945), S. 47–49.

MAX LEDERER: F. W. In: GQ XIX, Nr. 2 (März 1946), S. 129–131.

FRITZ MARTINI: F. W. In: Aussatz II, Nr. 314 (1947), S. 113–114.

ADOLF D. KLARMANN: Das Weltbild F. W.s. In: Wissenschaft u. Weltbild VII, Nr. 1/2 (1954), S. 35–48.

ANNELIESE BACH: Grundzüge der Dichtung F. W.s. In: Universitas XI, Nr. 8 (Aug. 1956), S. 821–828.

PAUL WIMMER: F. W. In: Wort in der Zeit IV, Nr. 8 (1958), S. 1–6.

KURT ADEL: F. W. 1890–1945. In: Österreich in Geschichte u. Literatur IX, Nr. 6 (Juni 1965), S. 322–337.

Spezialstudien:

[A. J.] ST[orfer]: Der Oedipuskomplex bei W. u. bei Wassermann. Politischer Gegensatz oder erotische Rivalität. In: Psychoanalytische Bewegung (Wien) III, Nr. 5 (Sept./Okt. 1931), S. 474–478.

HARRY SLOCHOWER: F. W. and Sholom Asch: The Yearning for Status. In: Accent V, Nr. 2 (Winter 1945), S. 73–82.

JOHN R. FREY: America and F. W. In: GQ XIX, Nr. 2 (März 1946), S. 121–128.

HERBERT F. WIESE: The Father-Son Conflict in W.s Early Works. In: Symposium, Nr. 1/2 (Spring/Fall 1958), S. 160–167.

ANNELIESE BACH: Die Auffassung von Gemeinschaft u. Kollektiv im Prosawerk F. W.s. In: Zts. f. dt. Philologie LXXVI, Nr. 2 (1957), S. 187–202.

KVĚTUŠE HYRŠLOVÁ: Zur Frage der Heimat im Werke F. W.s. In: Zts. f. Slawistik III, Nr. 5 (1958), S. 727–736.

HANS KÜHNER: F. W. u. Giuseppe Verdi. In: Bolletino dell' Instituto di Studi Verdiani II, Nr. 5 (1962), S. 1391–1400.

TEMIRA PACHMUSS: Dostoevskij u. F. W. In: GQ XXXVI, Nr. 4 (Nov. 1963), S. 445–458.

FRED KRÜGEL: F. W. and Romanticism. In: Seminar III, Nr. 2 (Fall 1967), S. 82–102.

ADOLF D. KLARMANN: F. W. u. die Bühne. In GQ XXXII, Nr. 2 (März 1959), S. 99–104. Dass. auf englisch in Foltin I, S. 50–56.

HEINZ POLITZER: F. W.: Reporter of the Sublime. In: Foltin I, S. 19 bis 25.

WILMA BRUN MERLAN: F. W., Poet. In: Foltin I, S. 26–38.

FRANK WOOD: The Role of ›Wortschuld‹ in W.s Poetry. In: Foltin I, S. 39–49.

ANNE POLZER: Leader of the Renaissance. In: Opera News XXV, Nr. 15 (Febr. 1961), S. 21–23.

HENRY A. LEA: Prodigal Sons in W.s Fiction. In: GR XL, Nr. 1 (Jan. 1965), S. 41–54.

C. E. WILLIAMS: The theme of political activism in the Work of F. W. In: GL&L 24. 1970/71. S. 88–94.

W.s Einstellung zum Judentum u. Christentum:

ERNST JOCKERS: F. W. als religiöser Dichter. In: GR II, Nr. 1 (Jan. 1927), S. 40–63.

KURT HILLER: W. u. Gott. In: Köpe u. Tröpfe. Profile aus einem Vierteljahrhundert, 1950, S. 118–120 (verfaßt 1932).

MEYER KRAKOWSKI: The Socio-Religious Aspect of the Poetry of F. W. In: Modern Language Forum XIX, Nr. 4 (Dez. 1934), S. 219 ff.

EDWARD A. WÜNSCHEL: F. W.s Credo. In: The American Ecclesiastical Review CXIII, Nr. 3 (Sept. 1945), S. 172–186.

ADOLF D. KLARMANN: F. W.s Eschatology and Cosmogony. In: MLQ VII, Nr. 1 (März 1946), S. 385–410.

HUGH W. PUCKETT: F. W.s Mission. In: GR XXII, Nr. 2 (April 1947), S. 117–125.

RUDOLF LEDER: Christus u. Israel. F. W.s Deutung des jüdischen Schicksals. In: Stimmen der Zeit CXLVIII, Nr. 7 (1950/51), S. 34–42.

ALFRED WERNER: The Strange Life and Creed of F. W. In: Judaism IV, Nr. 2 (Spring 1965), S. 142–148.

HANS KÜHNER: F. W. als religiöse Gestalt. In: S. Fischer Almanach. Das neunundsiebzigste Jahr, 1965, S. 155–166.

PERSONENREGISTER

(Verzeichnet nur die im darstellenden Teil erwähnten Namen)

117

Register der erwähnten Werke Werfels

SAMMLUNG METZLER

J. B. METZLER STUTTGART